Service Management

サービス
マネジメント
概論

作古貞義 編著

学文社

まえがき

　本書は，21世紀における観光産業分野で，主要な役割を担う事業分野の経営環境と経営管理に内在する，課題と展望をサービスマネジメントの視点で捉え，表題をサービスマネジメント概論として，当該事業分野の専門家にその実態と課題を具体的に開示する形式で論稿をまとめていただき編集したものである。

　第1部 レジャー産業構造，第2部 財務戦略と事業化計画，第3部 ホテルマネジメント・業態研究，第4部 食文化と技能者教育の4分野について，市場環境と事業特性及び課題等の論述により構成されている。

　組織経営には，業種業態を超えて原理原則は存在する。論稿には原則をふまえ時代に適合した，新しい戦略・展望・ビジネスモデルを構築する要件が示されているが，全体構成は学術・研究図書の形態はとっていない。

　産業界における経営課題は刻々と変化する。経営とは変化対応業であると言われるゆえんであるが，したがって社会活動における正解はひとつではない。実学を建学理念とする流通科学大学では，学生に，「解」は複数存在することを理解させること及び複数の「解」の選択肢を構築する能力の育成を目指している。

　執筆者は，観光産業分野で活躍するトップマネジメントと専門分野の第一人者で構成されているが，過半の方々は流通科学大学において最新の経営環境・実態について教鞭をとっていただいている。当初の計画では，流通科学大学のホテルレストラン特講1997年～近年の草稿をもとに編成を試みたが，昨今の市場環境の急速な変化を読み込み，現在の市場・経営環境に基づいた内容に更新されている。

　本書の出版に関して，ご多忙のなか執筆に快くご協力いただき，ご支援を下さった先生方に，心からお礼申し上げる次第です。また，ご研鑽の成果である

素晴しい論稿をいただきながら，誌面の制約で全文掲載をできなかったことは，心残りである。

　しかしながら，今日の国際化の潮流は，国の観光政策にも関連業界を超えてさまざまな影響を及ぼし，総合的な施策・対応が求められている。観光関連産業を取り巻く社会・経済環境も急速な変化の中で，さまざまな課題を惹起こしている昨今，産学官の連携による学際領域の研究が求められているが十分とはいえない。これを機に，観光関連産業分野への社会貢献を目的として我々が創設する，シニアマイスターネットワークと観光経営研究センターは，学際領域に特化した関連産業研究と経営管理資料の情報発信活動を進める所存である。

　最後に，学文社田中千津子社長，編集部落合絵理氏をはじめ，ご支援をいただいたスタッフに厚くお礼申し上げる。

　本書が，観光関連産業の発展にいささかでも寄与できるとすれば，著者一同の願うところである。

　　2006年4月

　　　　　　　　　　　　　　　　　　　　　　　　編著者　作古　貞義

目　次

第1部　レジャー産業構造

第1章　レジャー産業の事業構造……………………………………………3

1．レジャー産業とは　3
2．レジャー産業の事業構造　6

⑴ 成功する事業 6／⑵ 製造業とレジャー産業との違い 7／⑶ レジャー産業の事業構造 8

3．経営戦略　16

⑴ 環境適合・資源適合・組織適合 16／⑵ 見えざる資産の構築 18／⑶ オーバーエクステンションへの取り組み 19

第2章　レジャーを考える……………………………………………21

1．はじめに　21
2．レジャーの変遷　22

⑴ レジャーの語源とその意味 22／⑵ レジャーの変遷 23

3．レジャーを取り巻く環境　25

⑴ 労働時間の推移──目前に迫る1,800時間労働 25／⑵ ハッピーマンデー制度 25／⑶ レジャーに対する意識の変化 25／⑷ 余暇活動への関心 27／⑸ 余暇市場の推移 27

4．東京ドームグループのレジャー事業について　29

⑴ プロ野球と後楽園スタヂアムの誕生 29／⑵ 戦後復興と競輪 30／⑶ 後楽園アイスパレスのオープン──一流選手と同じ施設でプレイ 30／⑷ 朝鮮戦争特需と新たなレジャー活動の芽生え 31／⑸ 日本初の都市型遊園地誕生 31／⑹ リゾート型レジャーの登場 33／⑺ ボウリング・ブーム 35

5．ドームについて　36

(1) 東京ドームの稼働状況 36／(2) 海外のドーム球場 37／(3) わが国のドーム球場 39

6．21世紀のレジャー産業　40

7．おわりに　42

第3章　国民の観光旅行と観光産業〈1997〜2005年〉 …………………… 43

1．国民の旅行について　44

(1) 人間と自由時間活動 44／(2) 観光の需給構造 46／(3) 旅行と観光活動 48

2．旅行産業の規模と特徴　51

(1) 国内宿泊旅行と海外旅行 53／(2) 旅行消費と経済波及効果 56／(3) 観光産業の特徴 58

3．旅行業という産業　61

(1) JTBの歩んできた道 61／(2) 旅行業の特徴 63

4．補　論　65

(1) インバウンドの現状と課題 65／(2) 観光産業と企業の現状 66／(3) 良質な観光者と長期休暇の制度化 67

第2部　財務戦略と事業化計画

第4章　不動産証券化におけるホテル投資 ……………………………… 71

1．不動産金融業誕生までの変遷と不動産証券化の具体的事例　72

(1) 不動産金融業界の誕生と発展 72／(2) 不動産流動化・証券化の案件事例 75

2．ホテルビジネスの変遷およびその証券化事例と課題　78

(1) ホテルビジネスの変遷 78／(2) 今日のホテルビジネスの課題 81／(3) ホテル証券化の事例 85

第5章　都市開発とホテル………………………………………………90

1．アメリカ・ヨーロッパのホテル業界の変化　91

(1) アメリカのホテル業界の推移とブランドのポジショニング 91／(2) 世界の主なホテルチェーン 92／(3) ホテルチェーンのブランド・セグメント（ACCORの例）93

2．日本のホテルをとりまく環境の変化　94

(1) 日本の社会環境の変化 94／(2) ホテル利用者層の変化 94／(3) ホテルライバルの出現 95／(4) 日本のホテルをとりまく環境の変化——まとめ 96

3．わが国のホテル業界の推移　96

(1) 日本のホテル業界の推移と現状 96／(2) 外資系ホテルチェーンの日本への進出 98

4．都市におけるホテルの役割　98

(1) 都市生活とホテル機能 98／(2) 複合開発におけるイメージリーディング機能 99／(3) エリアコミュニティのインフラ機能 101／(4) アーバンエンターテインメント機能 102／(5) ビジネス拠点機能 103

5．ホテルの今後の課題と展開　104

(1) 日本のホテルの現状 104／(2) 今後の日本のホテルの展開 105

第6章　生活サービス事業を軸にした鉄道会社のビジネスモデル…………107

1．はじめに　107
2．小林一三モデル　109
3．鉄道事業と関連事業の相乗効果　109
4．鉄道事業を生かした立地優位性の終焉　111
5．立地依存性からの脱却・市場競争力強化のために　113
6．関連事業から生活サービス事業へ——その将来像　115
7．駅ビル事業（ショッピングセンター事業）　116
8．駅ビルのポータル・サイト——駅パラ　120

9．駅構内の事業　121

10．ホテル　122

11．その他の事業　124

第3部　ホテルマネジメント・業態研究

第7章　宿泊特化型ホテルのビジネスモデル〈新業態の成立条件〉……133

1．はじめに　133

2．高度成長期型ビジネスモデルの劣化　134

　(1) 環境変化への適応　134／(2) 業態の開発とは　136

3．業種・業態の定義　138

4．宿泊業態の多様化とブランド　140

5．宿泊特化業態の「ビジネスモデル」　141

　(1) 基本的要件　141／(2) 業態を成立させる前提条件　141／(3) 宿泊特化型ホテルの定義　142

6．低価格業態のキーポイント──低価格設定の基本条件　145

　(1) 低価格時代の競争力と商品力　145／(2) 価格競争力の確認事項　147／(3) 価格設定の留意事項　148

7．おわりに　148

　(1) ビジネスモデルのリノベーションは経営の宿命　148／(2) 業態価値を持続するハードル＝ビジネスモデルの品質向上・リノベーションポイント　149

第8章　外資系ホテルの出店戦略〈ザ・リッツ・カールトン・モデル〉……151

1．阪神西梅田第1期計画（ハービスOSAKA）へのラグジュアリーホテル導入の経緯　152

2．アメリカにおける「ラグジュアリーホテル」の台頭　153

3．ザ・リッツ・カールトン・ホテル（RCH）の歴史　154

4．ザ・リッツ・カールトン・ホテル（RCH）の特徴　155

　　　(1) 運営面の特徴 155／(2) ハード面の特徴 159／(3) RCHが受賞した「マルコム・ボルドリッジ国家品質管理賞」について 161

第9章　宿泊産業におけるITマーケティングの課題……………………………162

　　1．宿泊産業のマーケティング概念　162

　　　(1) サービスマーケティングとホテルカテゴリー 162／(2) インターネットとサービスマーケティング 164／(3) セールスマネジメントとITツール 165

　　2．ITマーケティング投資の本質とデータベースマーケティング　167

　　　(1) ITマーケティング投資の本質 167／(2) データベースマーケティングの必要性とポイント 168／(3) ホテルマーケティングの特性（イールドマネジメントの必要性）169

　　3．ITマーケティング今後の課題　173

　　　(1) 可変情報への対応 173／(2) サービスマインドとIT 173

第4部　食文化と技能者教育

第10章　食文化とホテルの料理……………………………………………………179

　　1．料理長・総支配人に求められるもの　179

　　2．東西の食文化と料理長　183

　　3．食材と産地　186

　　4．料理文化と著作権　189

　　5．若い人に考えて欲しいこと　192

第11章　調理師学校を取り巻く社会環境の変化とその将来の展望…………195

　　1．調理師教育の歴史と社会的背景　195

　　　(1) 調理師法の制定と調理師学校の設立 195／(2) 外国人観光客の受け

入れ体制の整備──ホテル産業の誕生 197／(3) 外食産業の黎明期
　　　──巨大マーケットへの成長 197
　2．調理師学校の概要　199
　　　(1) 調理師学校の教育カリキュラム 199／(2) 調理師免許取得者数の推
　　　移と，調理師養成施設数とその定員数 201／(3) 調理師養成施設卒業
　　　生の就職状況 201／(4) 調理師学校卒業者の就職率とその特徴 202
　3．調理師教育の今後の展望　203
　　　(1) 高齢化社会と個食化への対応 203／(2) 調理世界のIT化──機材調
　　　理 207／(3) 食材調達のグローバル化と安全性の確保 209／(4) 食と健
　　　康のエキスパートとしての調理師の役割 212

第12章　今，まさに起きつつある外食産業のパラダイムシフト……………215
　1．未来を予見させる2つのレストラン　216
　2．カシータの楽しさはどこから来るか？　218
　3．オーガニックビュッフェは第6次産業か　221
　4．レストランの本質は「元気回復業」　223

第1部

レジャー産業構造

第1章

レジャー産業の事業構造

綜合ユニコム株式会社常務取締役　長沼 修二

概　要

　人々の自由時間における諸活動に対し，財・サービスを提供するレジャー産業は実に多くの業種・業態から構成されている。ここでは，宿泊事業，飲食事業，スポーツ・健康事業，アミューズメント事業，観光・リゾート事業など，レジャー産業の中でも立地産業・装置産業といわれる施設（空間・場）を介した対人接客業を中心に，その事業構造や経営特質について述べる。各事業の事業構造や経営特質を帰納的に見ていくと，いくつかの特徴が明らかになってくる。

1.　レジャー産業とは

　本章では，レジャー産業の基本的な事業構造について述べる。

　レジャー産業と一口にいっても非常に範囲が広く，スポーツ・健康事業をはじめ宿泊事業，飲食事業，テーマパーク事業，観光・リゾート事業などが含まれる。

　まず，レジャー産業の市場規模について見ておきたい。㈶社会経済生産性本部で毎年『レジャー白書』が刊行されているが，その2005年度版によると，レジャー産業全体の市場規模は2004年度で約81兆円である（図表1-1）。これはGNPが大体500兆円なので，対GNPの約16％をレジャー産業関連で占めていることになる。社会経済生産性本部では，余暇市場をスポーツ部門，趣味・創作

部門，娯楽部門，行楽部門の4つの分野で市場規模をはじいている。ただし，レジャー産業の捉え方にもよるが，各業界で発表している数字とは多少違っており，実際のところ，市場規模としてはもう少し大きいと思われる。

内訳を大きなものからいうと，マクドナルドやすかいらーくに代表される外食産業が約28兆円，ホテルなどを含めた観光関連産業で約20兆円。そして，パチンコ産業で27兆円規模となっており，先ほどの80兆円のうち約75兆円をこの3分野で占めていることになる。

この他ではゴルフ場関連産業が約1兆5,000億円。業務用アミューズメント産業が約8,000億円，家庭用のゲームソフトも含めたコンシューマー分野がやはり約8,000億円。それと，このごろ少し落ちているが，カラオケ産業が7,000億円前後である。

フィットネスクラブ産業で約3,500億円の市場だろうと思われる。そういうものが積み上がって80兆円から，もう少し大きく見れば90兆円くらいの市場規模になっているのではないか。

90年の末にバブル経済が崩壊して以降，ここ何年か景気は低迷傾向にあるわけだが，レジャー産業は世の中の動きと少しタイムラグがあり，レジャー産業そのものの売上規模でいくと93，94年がピークだった。このときは，パチンコ産業だけで約30兆円の売上があった。

『レジャー白書』の中の数字ではピーク時には86兆円くらいの市場規模が現在では81兆円，また，図表1-1に示すように最近5ヵ年の市場規模の推移を見ると，81兆円から85兆円の間を上下している。そうすると，レジャー産業は，世の中が不景気だといわれる割には，市場としてはそれ程大きく落ち込んでいるのではなく，市場規模としては横ばいの状況で推移しているといえる。

今後の見通しということでいえば，これからますます余暇時間や自由時間が増えていく傾向にある。したがって，それに伴った活動領域も，人々のライフスタイルの中ではかなり増大していくだろうと考えれば，レジャー産業の市場規模は減ることはなく，徐々にではあっても増えていくだろうと思われる。

図表1-1　余暇市場，国民総支出，民間最終消費支出の推移

(単位：億円)

	平成12年	平成13年	平成14年	平成15年	平成16年	伸び率(%)	
						15/14	16/15
スポーツ部門	49,600	47,880	45,990	45,250	43,800	-1.6	-3.2
趣味・創作部門	117,750	117,300	116,970	114,880	116,390	-1.8	1.3
娯楽部門	572,260	551,780	561,390	553,150	547,690	-1.5	-1.0
観光・行楽部門	111,240	109,720	108,130	104,380	105,310	-3.5	0.9
余暇市場	850,850	826,680	832,480	817,660	813,190	-1.8	-0.5
対国民総支出	16.6	16.3	16.7	16.4	16.1	-1.8	-1.8
対民間最終消費支出	29.8	28.9	29.3	28.9	28.5	-1.4	-1.4
国民総支出（名目）	5,114,623	5,058,471	4,978,968	4,974,850	5,048,207	-0.1	1.5
国民最終消費支出(名目)	2,857,501	2,859,655	2,841,535	2,827,021	2,854,393	-0.5	1.0

出所）㈶社会経済生産性本部『レジャー白書2005』

　レジャー産業とはどういうものかというと，これまでは労働に対する余った時間，余暇時間における人々の活動に対する財，サービスを提供するというのが一般的な定義だったと思うが，最近はそれよりももう少し前向きに考え，人々の生活の中での自由時間に費やされるサービスや財を提供する産業の総称というようにレジャー産業の定義が変わってきている。

　レジャー産業には，冒頭述べたようにさまざまな業種・業態が存在するが，産業レベルで捉えきれない業種・業態もまた多々ある。例えば，最近，歩くスキーやランニングなどがはやっているが，これらは料金を徴収する関所がないところも多く，関連する靴やウェアの販売としては産業レベルで捉えることができても，産業としてはなかなか成立しない。したがって，ここではあくまでひとつの空間や場を使った施設産業レベルで，レジャー産業を捉えることとする。

　後ほど詳しく述べるが，消費者がレジャー施設を訪れるときには，非常に大きな期待をもって行くわけである。その中でいろいろ期待した遊びをしたり，飲食をしたり，宿泊をし商品を体験したのち施設をあとにする。そして，施設を出て行くときにある程度施設（商品）の評価を行う。その評価が当初の期待

に見合ったものであるか，あるいはその期待を上回ったものでなければ，消費者は満足しない。そして，顧客満足が得られなければその施設にもう一度行こうとは思わない。一方，商品を提供する側としては，多様な期待をもって訪れる消費者に対し，いかに効率よくさばくか，いかに多くの出費をうながすか，いかに顧客満足を達成するかというひとつの大きな攻防を行っている。これがレジャー産業の基本である。

2．レジャー産業の事業構造

(1) 成功する事業

　事業構造の話に入る前に，学問と事業の違いについて見ておこう（図表1-2）。レジャー産業をはじめとする実業の世界での最終目標は利益追求だが，大学のような学問をする研究機関の目的は，原理原則の追究をすることだろう。原理原則というものは，いずれそこにいろいろなかたちで戻ってくるので非常に大切ではあるが，実際の事業とは少し異なっているところがある。

　原理原則と事業との関係，特に成功する事業との関係を見ると図表1-2のようになる。太線の円を原理原則，細線の円を事業とする。実際の事業が成功するかしないかといった場合，左下の細線の円のように原理原則をまったく外

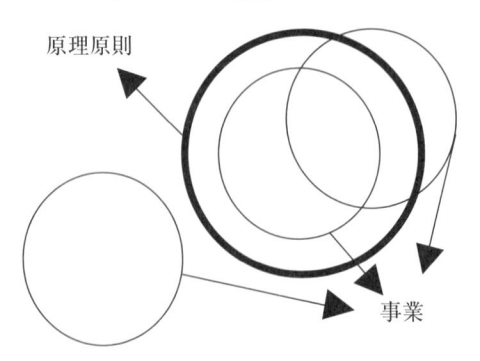

図表1-2　成功する事業

したところで事業をしてもやはり成功しない。また，この原理原則の中にスッポリ収まっているようなやり方をしていてもなかなか事業としては成立しない。

では，成功している事業とはどういうものかというと，原理原則をふまえた上で，半歩なり一歩なり原理原則を飛び越している部分がある事業であるといえる。

マーケティングの言葉でいえば，原理原則のところは，例えば，科学的な裏付けがあるサイエンス，原理原則から少し飛び出しているところがアートというかたちで表現できる。そのアートの部分がなければ，事業としてはなかなか成功しないという話である。

いろいろなレジャー施設を見にいって，皆さんはわれわれのようにそれを商売にしているわけでもなければ，遊びに行ったときまで勉強しようとは思っていないだろうから，行ったときには大いに楽しめばいい。しかし，ここで研究や学問をするときには，ひとつの事業を見たとき，その事業の経営特性もふまえて，原理原則とはどのようなもので，原理原則を少し飛び出している部分はどういうところが考えられるのかということを新しい視点としてもつと，事業としての見方がかなり変わってくるのではないかと思う。

(2) 製造業とレジャー産業との違い

次に，製造業とレジャー産業の違いについてのべる（図表1−3）。製造業というものは1ヵ所の工場で製品を作っていて，それを全世界に向かって売ることができる。だから，どんなに小さな工場でも世界的な工場になりうる。しかし，レジャー産業は，場や空間がなければ成立しない。しかも，その場所に顧客を集めてこないことには事業が成り立たないため，なかなか1ヵ所で世界中から顧客を集められる施設というのは極々限られてくる。製造業のように，1ヵ所で作ったものを全世界に向けて送り出すことができないということが，当たり前の話だが結構大事なことなのである。そのために，その「場」なり，空間，施設にいかにして顧客を引っ張ってくるかが，レジャー産業の中では非

図表1-3　レジャー産業と製造業

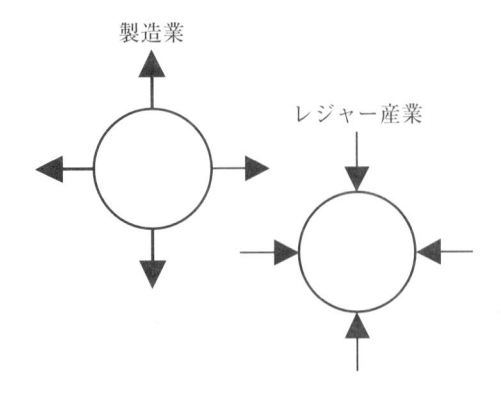

製造業

レジャー産業

常に大きな意味をもってくる。

　以上，簡単に述べたこの2点を念頭に置いた上で，以下，レジャー産業の事業構造について述べることとする。

(3) レジャー産業の事業構造

　それでは，レジャー産業の事業構造について見ていくことにしよう（図表1-4）。一般に事業や企業経営をやっていく上においては，常に時代状況に対応していかなければならない。ところが，時代状況というものは景気が悪いときもあれば何をやってもうまくいくような経済が活性化しているときもあるわけである。そうした時代や景気の動きによって人々の気持ちのもち方も，「今ならば多少お金を使っても大丈夫だろう」とか，「今の時期，財布の紐を締めないと明日から厳しくなる」と，いろいろに変化する。

　大きくは政治，経済，社会という，われわれを取り巻いている環境が変化する。それに伴って人々の生活スタイルも変化する。そういったライフスタイルや価値観，生活のしかたやものの考え方は，やはり時代とともに大きく変わっていくわけである。その変化にレジャー企業，レジャー施設も合わせていかなければならない。そのときどきに法律や税制，そしてレジャー産業は場所の確

図表1-4　レジャー産業の事業構造

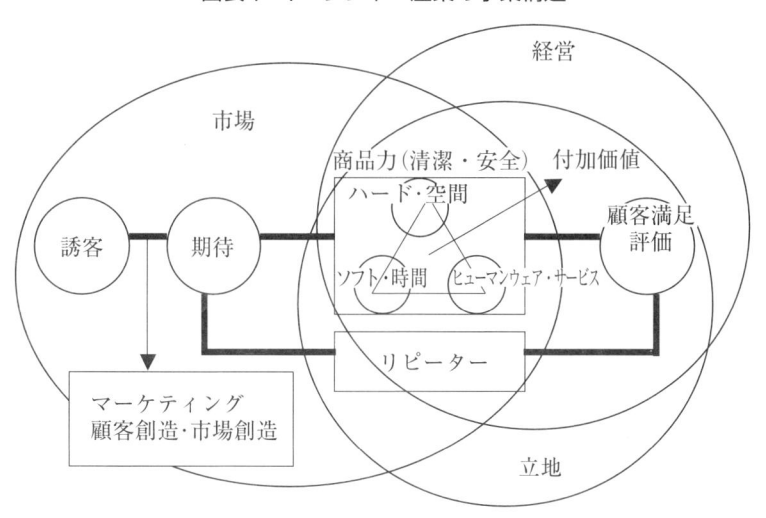

　経営／市場／立地の三つの円が重なり、その中に「商品力（清潔・安全）」「付加価値」「ハード・空間」「ソフト・時間」「ヒューマンウェア・サービス」「リピーター」が配置されている。左側に「誘客」「期待」の円、右側に「顧客満足評価」の円があり、下に「マーケティング　顧客創造・市場創造」のボックスがある。

保があるため，土地代や賃料，また，人件費をはじめとする労働条件などが大きく変動する。そういった顧客ニーズや経営を取り巻く社会的条件といった変動要因に対して，企業や施設は対応していかなければ安定した企業経営に結びついていかない。下手をすればつぶれてしまう。

　そのために，今の顧客ニーズがどこにあるのか，どういうサービスを提供すれば顧客に満足を与えることができるのか，その辺りを探るためにいろいろなマーケティング手法がでてきたり，企業を活性化するためのイノベーションの手法ができたりしている。企業が時代とともに生きながらえていくためには，同じところにずっととどまっているわけにはいかず，常に業態変革と新規事業分野への進出を考えていなければならないわけである。

　しかし，大手企業がレジャー事業に進出してくるにあたっては，生産とサービスが同時に進行するという，サービスという目に見えないものを扱っている事業だけに，資本の論理だけでは割り切れない分野が多々ある事業だということが，一般の事業とは大きく異なるところである。

① レジャー産業の商品構成

　レジャー産業の事業構造を見ていく場合，その基本となるのは商品構成だ。顧客がレジャー施設を訪れる場合，顧客はいろいろ期待や思い入れをもってくるわけである。それに対して施設サイドとしてはどういうサービス対応をしているのかというと，施設全体の商品価値，雰囲気まで含めてのハードウェアがひとつである。それと，そこでどういう時間を顧客に対して過ごさせるのかというソフトウェアがひとつである。あと，対人接客業としてのヒューマンウェアがひとつである。これら3つがレジャー事業の商品構成の基本である（図表1-4）。

　値段とハードウェアとが見合っているか否か，値段と時間の遊ばせ方としてのソフトウェアとが見合っているか否か，値段とサービスとが見合っているか否か，で顧客からの評価が分かれる。つまり，顧客は商品価値に対する評価を下しながらレジャー施設を体験するわけである。

　最近では，レジャー施設の中で安全や清潔はもう当たり前になっていて，それがなければレジャー施設としては成立しない。そのうえで，ハードウェア，ソフトウェア，ヒューマンウェアといった面で他施設との差別化が図られていたり，差異化が図られていたりしないとなかなか競争に勝てないわけである。ここで顧客の評価が高いというのは，言い換えれば顧客満足度が高いということである。

② 顧客満足とリピーター

　企業はいずれにしてもどこかで収益増を目指している。「顧客満足度」という言葉も，ピーター・ドラッガーが30年前に著した『現代の経営』という本に，すでに出ている。そこでは企業収益を上げていくにあたって，これからは通り一遍のコスト関係の話だけではダメで，お客さんをいかに満足させるかによって収益がはっきり増減するのだといっている。最近，ハードウェア，ソフトウェア，ヒューマンウェアの中で，個々の顧客をいかにして満足させるかにか

なりウェイトがかかってきているわけである。

　昨今，マーケティングにおいては，マス・マーケティングといわれた，多くの顧客を十把一絡げに扱うものから変化して，リレーション・マーケティングやマン・ツー・マン・マーケティングといって，一人ひとりの顔が見えるマーケティング，顧客との関係性を重視したマーケティングの中で顧客満足をどのようにして高めていくかが主力になってきている。

　さらに一歩進めると，顧客満足（Customer Satisfaction，略してCS）だけでなく，そこで働いている従業員が満足できる施設でなければよいレジャー施設とはいわれない。これは，顧客満足に対して従業員満足（Employee Satisfaction，略してES）という。この顧客満足と従業員満足が相まった施設でなければ，これからのレジャー施設は生き延びていけない，これが一番の基本構造である。

　ここで顧客満足が与えられて評価が高ければ，その顧客はリピーターとなって何度もその施設を訪れるようになる。このリピーターの獲得・確保といったことを各レジャー施設は目指しているのである。このリピーターを獲得するに当たっては，何度もいうが，一度はお客に施設を体験させなければならないわけである。集客・誘客が重要なゆえんである。

③　立地・市場・経営条件とマーケティング

　今一度，図表1-4をよく見ていただければ，施設を取り巻いている基本的条件として，立地条件，市場条件，経営条件があることが見てとれるだろう。また，こうした条件に縛られている施設（商品）と顧客を結びつけるのにマーケティングが重要な位置づけにあることがわかると思う。

　施設は立地条件によってありようが違うわけである。立地というものは，沖縄，東京，神戸，北海道にあるというだけでも，気候，風土，天候がいろいろ違う。また，地形，地勢によっても違う。さらに，施設に至るまでの交通インフラが整備されているかいないかによっても違うということで，この施設自体は大きく立地条件に左右される。

レジャー産業は今まで，「一にも二にも立地，三，四がなくて五にも立地」というかたちで，立地商売だといわれてきた。施設そのものの立地条件はいずれにしても既定の条件で変わりようがない。そこにひとつのハードを当てはめていくということで，「立地産業＝装置産業」といわれてきたわけである。であるから，つくるにあたっては，その前からハードウェア，ソフトウェア，ヒューマンウェアが相まって考えられていなければ，なかなか収益を上げる施設になりえない。したがって，出来上がったときには8割がたの勝負がついている事業であるということが施設産業としてのレジャー産業の大きな特色である。

　そして，実際に施設を動かしていくのはひとつの企業で，ここでは運営や営業といった観点が非常に大事になってくる。もうひとつは，これらの立地条件をふまえたり，経営・運営条件をふまえた上で，施設が位置する場所の市場はどうなのか，顧客はいるのかいないのか，ほかから持ってこられるのかこられないのか等々の話があって，施設が立地する市場条件はどうなのかが考えられなければならない。

　山の中に観光ホテルを立てるのと，都市の中心部に都市型のホテルを建てるのとでは，市場の条件が非常に違うわけである。その辺りをふまえてこれらのことを考えていかないと，レジャー事業はなかなかうまくいかない。基本的には，市場条件と立地条件と経営条件，これらの3つが相まったところで事業が常に考えられていなければ，レジャー事業というものはうまく回っていかない。

　一般的に経営資源というのは「ヒト，モノ，カネ」と，最近はそれに「情報」が加わっているという話になる。マーケティングの中ではひとつはターゲット，市場の中でこの施設がどういうお客さんを狙っているのか，つまり目標にするお客さんがある。それと，価格帯はどうするのかという価格の話がひとつある。あと，実際に施設がもっているハードウェア，ソフトウェア，ヒューマンウェアを含めた商品力はどうなっているのか。

　それらをふまえたうえで，どういうかたちでそれらをお客さんに示すのかと

いう，セールス・プロモーションとPRの話，これらが相まって，その辺りを取り込んでその施設をアピールしながら，実際に値段に見合ったハードウェア，充実したソフトウェア，高品質のヒューマンウェアを提供する。そのことによって，顧客満足を得ていくというものがないとなかなか企業としては成立しない。

　以上，見てきたようないくつかの要素が組み合わさってレジャー事業の基本的な構造を形成している。

④　レジャー産業の経営特質
一物一価

　これまでレジャー産業の基本的な事業構造を見てきたが，次にレジャー産業の主だった経営特質を見ていくことにする。例えば，飲食店やホテル，アミューズメント施設などは，ひとつのマーケットの中にいくつもあって，そこでいろいろなかたちで競争しているわけである。その場合，喫茶店でもカレー店でも何でも，店が隣り合って建っていようが，向かい合って建っていようが，背中合わせに建っていようが，ほとんど立地条件的に同じと考えるのか，まったく違うと捉えるのかがむずかしいところではあるが，事業的な観点からいくとまったく違うわけである。それに絡まって，例えば，同一地域内にあり，しかも原価のそれほど違わないコーヒーをある店では1杯200円で売っている。別の店では一杯450円で売っている。また，ホテルの中のコーヒー店では1,000円で売っているということが起こる。コーヒーという同じものを売っていても，そこで出てくるハードのあり方，雰囲気，サービスのあり方，人の対応といったもので値段も違ってくる。

　カレー店にしても隣りは500円で売っているが，もう一方は1,000円だったりする。しかし，それはある程度想定して，「あそこに行けば，1,000円出してカレーを食べても満足だ」とか，「今回はお金がないから500円のほうにする」という話しもある。それくらい価格に差があってもターゲットにしている顧客が

違って，それなりの顧客満足を与えられる商売でもある。その辺りが非常にむずかしいといえばむずかしいところなのである。

　同じ物を提供していても，そこで提供するサービスやソフトウェアの違いによって，同じ価格帯にはなかなかならない。

　製造業などでは，多くの製品が市場に出回るようになれば，ひとつの製品・商品に対してはひとつの価格が形成されていくという，専門用語でいえば「一物一価の原則」がある。しかし，レジャー産業においては施設が増大していくにもかかわらず，なかなか一物一価の原則が成り立たない世界なのである。

　ホテルでも都市型ホテルは1泊3〜5万円くらい，ビジネスホテルでは6,000〜8,000円くらい，コミュニティホテルでは1万2,000〜1万5,000円くらい，最近流行の宿泊特化型ホテルでは，1泊5,000円くらいである。機能やグレードによっておおまかなくくりはあるものの，それでも同様の機能，グレートの施設においても細かく見ていけば多様な価格体系が成立しており，一物一価の原則が当てはまらない。

　ひとつの商品価格を形成するにはそれぞれ原価があるわけだが，レジャー産業は製造業と違って原価を積み上げてその上に適性利潤を加えた価格体系ではないのである。ベテランのサービスマンが提供するサービスの価値と新人が提供する価値とか，施設が有するハードウェアやソフトウェアなど，なかなか価格に反映しづらい要素が多々あるわけである。そういうこともあって，原価の積み上げによって価格が決まっている話しではないということで，一物一価の原則が通用しない世界なのである。

在庫調整（生産と消費の同時性）

　今ひとつレジャー産業の経営特質には，生産と消費が同時に発生するということがある。そのため在庫が発生せず，在庫調整が効かない。製造業のように，物を造りすぎたから少し生産量を抑えて，売れるときに吐き出せばいいというかたちはできないわけである。また，売れ残った製品・商品を少し時間をかけて売り捌くといったこともできない。例えば，200室のホテルがあるとして，

稼働率が80%だと1日に160室が売れているわけである。しかし，残りの40室はその日のうちに売らない限りもう2度と売れない。そういったことで，在庫調整が効かない。もともと容量があっての話しであるため，キャパシティ商売だともいわれているわけである。

在庫調整が効かないということで，今ひとつやっかいなことは，例えば，100席の飲食店を考えた場合，10時間営業で顧客の滞留時間が平均2時間とすると，100席×5回転でキャパシティとしては500席の店ということになる。であるから1日当たり500人の顧客があって満杯ということになるわけである。ここで，次に述べる需要変動の話とも関係するが，1日の中にあっても顧客が集まる時間帯（ピークタイム）と顧客が少ない時間帯（アイドルタイム）が生じる。各時間帯とも平均して顧客が集まればいいが，昼時や夕方ピークを迎え，100席しかない店に100人以上の顧客が集まれば，店に入りきれない。その分の顧客は席の空いているアイドルタイムに来てくれればいいのだが，そうはいかない。そしてオーバーフローした顧客は帰ってしまう。この取り逃がした顧客に対しては席（商品）は2度と売れないのである。そして，結果として1日4回転したとすれば100席分が売れ残ったということになるわけである。在庫調整の効かない事業というものはこのようになかなか厄介な事業なのである。

需要変動

先に述べたように，立地商売であるレジャー産業においては施設が位置する場所によって，気候や天候，あるいは曜日や時間帯によって大きく需要が変動する。また，天災や人災による影響もある。この需要変動を平準化することがなかなかできないため，施設を運営する側は，人的配置や原材料の調達をはじめさまざまな面で制限や束縛を受けることになる。例えば，東京ディズニーランドのように年間を通して多くの人が訪れるところは別だが，地方の遊園地などで年間50万人ほどの人が訪れるところを例にとれば，大半の人が春休みやゴールデンウィーク，夏休みに集中し，その他の時期は閑散としているのが一般的状況である。そうすると，混雑期と閑散期では人の配置ひとつを取ってみ

ても違ってくるし，中のレストランなどは，年間を通じて原材料を準備することができない。だから，いつも用意できるのはファーストフードやレトルト食品などに限られてくることになる。

労働集約型

もうひとつ，レジャー産業も行き着くところはやはり対人サービスが基本であり労働集約型産業といえる。人々の自由時間における活動に対する財やサービスを提供する生産活動において，労働資源の占める割合が資本要素などに比べて相対的に高いわけである。反対に，生産に投入される要素のうち資本の占める割合が高いのは資本集約型産業という。労働集約型産業は，事業の中では非常に人件費の占める割合が高いので，コスト削減といった場合，すぐに人件費に跳ね返ってくる。

需要変動が大きい事業にあっては，年間を通じて正規の従業員をある一定数抱えることができるかというと，なかなかむずかしい。結局，需要変動に合わせて，パートタイマーやアルバイトで人員配置を調節している事業が非常に多いわけである。顧客が少ないときにはパートタイマーやアルバイトも減らし，多いときは増員して顧客をこなしている。そして，基本的に正社員である従業員の数はごくごく絞り込んだところでまかなっているわけである。このように経費の中で人件費の占める割合が高い事業にあっては，人件費の変動費化といったことが考えられているのである。

3. 経営戦略

(1) 環境適合・資源適合・組織適合

これまで見てきたような事業構造，経営特質を有するレジャー産業において，その事業の基本は，資本に負債を加えた資産を何回転させるかである。この資産の回転が売上で，売上は入込客数×客単価である。この売上高から原価を控除したのが粗利益で，粗利益から人件費や一般管理費，減価償却費を控除した

のが営業利益である。この営業利益を極大化することが企業経営の目標であり，この目標を達成するためにさまざまな経営戦略が考えられている。ここでは，経営戦略を立案する上でのいくつかのポイントを見ていくことにしよう。

　いずれの企業にあっても経営の現状を把握し，この現状からよりよくする，より好調を持続させながら企業を存続させることを考える場合，企業のあるべき姿が想定される。その際，今後企業がどの方向に進むかという方向性の話がある。要するに，企業がこれからどういうかたちの企業として世の中でやっていこうかという方向である。

　これは冒頭述べたように，外部要因，つまり企業を取り巻いている経営環境の変化を見据えていかなければならない。したがって，優秀な経営者というのは，外部要因の変化の方向と自社の変化の方向をうまく一致させる。その先見の明があるか否かによって，企業が今後とも成長していくか否かという話になるわけである。

　あるべき姿の事業体，施設を目指す上で，どのような目標をもつかといった点においては，今までは比較的，業績や売上の目標を示すことによって社員一同が目指すべき方向としていた。例えば現在100億円の売上がある企業なら，3年後にはそれを150億円にもっていくなど，もっていき方はいろいろあるわけだが，そういうものが一番単純だったのである。昨今は，先ほどの従業員満足を含め，企業のあるべき姿というのは，もう少し社会貢献をするとか，企業環境そのものを良くしていくといったように，いろいろなかたちがふまえられるようになっている。しかし，いずれにしても収益目標の企業としては，業績を示すのが単純明快である。

　この経営戦略を立てていくにあたっては，時代状況の変化，つまり政治，経済，社会，景気の動向，法律も含めて，あるいは人々のライフスタイルなど，そのようなものにどうやって適合していくかというのがひとつである。あとは，ヒト，モノ，カネ，情報といった企業が抱えている経営資源をこういう時代変化の方向性に対してどう適合させていくのかという資源適合が2番目にある。

3番目には,それらを支えていく組織をどういうかたちにしていくかという戦略的な組織適合がある。単純にいえば,環境適合と資源適合と組織適合,この3つが相まって経営戦略になっていくわけである。

一般的に,レジャー事業が置かれている状態というのは常に過当競争で,過剰な競争が常態である。そういう過当競争の中で生き残っていくために,今いったような環境適合,資源適合,組織適合を行っていかなければいけないわけである。

(2) 見えざる資産の構築

その上で,もうひとつ考えなければいけないのは,最近いわれている見えざる資産というものをもっているかいないかである。競争をしていくにあたって,経営資源を蓄積していかなければならないわけだが,実はカネを出しても買えないものを企業は自身の中にもっているか否か,例えば社会的な信用力とか,各種のノウハウといった単純にカネだけでは獲得できないものである。こうしたものをもっていると,他企業と競争したときに非常に強いわけである。

最近だと,この不景気の中で価格破壊ということで,安売りすればどうにかなるのではないかという風潮がある。しかし,価格だけで勝負ができるということは,値上げしようが値下げしまいが,ほかの企業も同じかたちで簡単にできるわけである。それとは違って,なかなかカネを出しても買えない社会的信用力や銀行に対する信用力などを地道な経営努力の中でどのように蓄積していくかを考えなければならない。

レジャー産業において新しく誕生してきた事業には,事業として生まれてきた当初はなんとなくうさんくさいとか,「なんだ,あの事業は」とか,そういうものが非常に多い。そのうちに「なんとなくさまになってきているな」とか,「なんとなく立派になってきたな」という段階をふんで,社会的認知の進む中で,誰でもがイメージできる就職したい企業のひとつになっていくわけである。

もうひとつは,構築していくのに非常に時間がかかるものをもっているか否

かである。例えば，ほかはまねできない技術がある場合，あの技術があればこういうことができるとわかっていても，その技術に行き着くまでに非常に時間がかかるということがあれば，これも非常に競争力が強いわけである。

あと，情報化社会の中にあっては，ひとつの情報がうまく多重的に使える，外部から入ってきた情報に対する取り組みが非常にスムーズに商品化に向けての流れに結びついていることである。いろいろな面でひとつの情報が商品化，人材育成，ものづくり，サービスの提供に結びついたりするかたちで，多重的な利用が可能になっているようなシステムが作られていれば，これまた非常に競争に対しては強くなる。

戦略的な適合と最初にいった3つのほかに，今いったようなかたちの見えざる資産というものをどのように生み出していくかということは，これからのレジャー産業の経営にあたっても考えていかなければいけないところであろうと思っている。

③ オーバーエクステンションへの取り組み

今までは単純にヒト，モノ，カネが経営資源の最たるものだったのだが，情報社会の中にあって情報のもつ価値が非常に重要になってきた。今の戦略的な適合や見えざる資産の構築と相まって，経営環境に対する情報収集の手立てを企業としてどのように構築するかも大きな課題である。外部から各種ノウハウなどを取り込んで，それらを自社の中で活かしていくこともあるが，今度はそれらをふまえたうえで企業の情報を社会に対してどういうかたちで打ち出していくかということも大事である。

そうしたことをふまえて，企業の中に入ってくる情報，出していく情報に対して，どれだけ速やかに内部の情報処理ができるシステムを作っておくかということが，今後は非常に重要である。

経営的なこととしては，企業の外の環境，内の環境に対して適合してゆき，バランスをとりつつやっていくわけだが，企業というものは固定したかたちで

ずっと動いていくわけではなく,外部環境も内部環境も変わっていく。そうした中で企業としてはある整合性をもちつつ活動していくわけである。しかし,ある場面においては,戦略の中で自分のところでもっている人材,商品,資金力などのバランスを,次のステップを踏むためにあえて崩していくようなかたちにしないと,なかなか次のステップに踏み出せない状況もでてくる。その辺りのダイナミズムを企業の中でどうやって生んで次のステップに向かっていくのかも非常に重要なところである。

今,企業が安定的であるとしても,現状に満足することなく得意分野をいくつか増やしていく,これをオーバーエクステンションというが,その際,目指す姿の企業にしていくために安定した組織や人事のかたちをあえて壊していくことがあるわけである。そして,次に想定される,企業のあるべき姿に向かうのである。

したがって,ダイナミックに次なるステップを踏む企業においては,特にこのような情報化の時代にあっては,経営(判断)のスピードが,またリーダーシップが非常に強く求められている。次のステップを踏みだしていくのになかなか先の姿が見えないところで,不確実な世の中だとかいろいろなことがいわれているが,企業をそうした方向に引っ張っていく人間というのは,安定したところを少し不均衡にしながら次のステップを踏み出していく。そのために,あえてオーバーエクステンションというようなかたちのやり方をしつつ,企業の次なる成長に向けてつなげていくというところが,これからは非常に大切である。

以上,レジャー産業の基本的な事業構造ならびに事業経営に関連するいくつかのポイントを述べた。

第2章

レジャーを考える

株式会社東京ドーム代表取締役社長　林　有厚

概　要

　レジャーとは個々人が自由に使うことを許された時間である。古代ギリシャの支配階級は自由時間をスポーツや知的・芸術的活動に充て，レジャークラスと呼ばれていた。そして，近代に入り，レジャーは労働の再生産を維持するための活動であるレクリエーションとして経済の発展に寄与する。しかし，豊かな生活を謳歌する今日，人々の意識はマズローの説いた自己実現欲求（私は「生き甲斐」と読み替える）を満たすことに集中している。レジャーへの期待も感動を通じて自己実現欲求を満たす（生き甲斐を感じる）ことへと進化してきた。

　東京ドームグループの事業領域はレジャーである。開業以来，レジャーの変遷と向き合ってきた。ここでは，レジャーの語源や変遷と市場動向を，当社の歴史を交えながら，紐解くことによってレジャーが人々の生活にどのように定着してきたかを紹介する。

1. はじめに

　東京ドームグループはさまざまな事業を展開している。グループの中核を担う東京水道橋地区だけでも，東京ドーム，遊園地，格闘技ホール，スパ，フィットネスジム，場外馬券場，ボウリング場，ホテル，飲食施設，物販施設が存在する。さらに一施設である東京ドームにおいてもスポーツ，コンベン

ション，コンサートなどさまざまなイベントが開催される。また，関係会社ではホテル，遊園地，ゴルフ場，スキー場，競輪場，ケーブルテレビ，ファイナンス（金融）などの事業を展開している。

産業区分によると東京ドームグループは「サービス業」となる。しかし，「サービス業」という区分はコンサルティング会社，学習塾，ビル管理業なども含むため，当グループの事業形態を的確に表していない。

一方，『日経会社情報』や『四季報』など代表的な会社情報誌によると，当グループの事業内容は「総合レジャー」という言葉で紹介されている。また，当グループは「都市型レジャーの強みを生かしたグループ事業の展開」をあるべき姿としている。そこで，ここでは当グループの事業領域である「レジャー」について考察した。

2．レジャーの変遷

(1) レジャーの語源とその意味

レジャー（Leisure）の語源は古フランス語の「Leisir」であり，ラテン語の「Licere」へと遡る。「Licere」とは許可された時間を意味し，日常生活の中で「職業，学業，家事，衛生，睡眠」などから開放され，個々人が自由に使うことを許された時間（以下，「自由時間」）のことである。

レジャーの邦訳は「余暇」である。「余暇」とは広辞苑によると「自分の自由に使える，あまった時間。ひま。いとま。」であり，オックスフォード辞典によれば，「職業や仕事からの自由，自分で処理できる時間」である。

なお，日本の辞書に「レジャー」という言葉が登場したのは昭和30年代である。それまでは今日の「レジャー」に非常に近い言葉として，「娯楽」「慰安」が使われていた。ちなみに，「娯楽」の英訳は「Amusement」である。

古代ギリシャには「Skhole」という言葉があった。これは知的・芸術的な活動に充てられる創造的な時間を指していた。当時の社会は労働に明け暮れる生

産階級と多くの自由時間を所有する支配階級に分かれていた。支配階級は自由時間を「Skhole」に充てており，彼らのことをレジャークラスと呼んでいた。なお，「Skhole」はラテン語の「Schole＝学問，学派」となり，英語の「School」の語源となった。

一方，自由時間はスポーツにも充てられていた。スポーツの語源はラテン語の「Deporatare（＝レジャー・余暇・余技）」で，古フランス語の「Disport」，英語の「Sport」と変化してきた。

(2) レジャーの変遷
① これまでのレジャー

産業革命が起こったイギリスでは，労働者を大いに働かせた。しかし，働かせれば働かせるほど生産性は低下した。そこで，1847年に労働時間を1日当たり10時間まで減らす法律を制定した。1919年にはILO条約の第1条で1日当たり労働時間は8時間と定められることとなる。その狙いは，「労働の再生産を維持するため，労働という拘束から開放された時間で，体力や精神の回復（Re-Create）をはかること」である。この時代，休養は勤労に役立つもの，再生産の手段であるレクリエーションとして確立された。

レクリエーションという言葉とその概念は当時，日本でも認知されていた。権田保之助は著書『民衆娯楽の基調』（同人社書店，1922年）の中で，「レクリエーション（再創造）などという言葉は資本主義擁護のための社会政策利用に供せられるだけではないか，レクリエーションなどというのは可笑しい，みんな別の世界を楽しもうではないか」と記している。しかし，日本では「娯楽」という言葉が根付いており，レクリエーションが一般的に使われるようになったのは1940年代である。1947年には日本レクリエーション協会が設立され，レクリエーション活動普及の原動力となった。

そして，1960年代に入るとレジャーという言葉が日常用語として使われるようになる。1972年には財団法人余暇開発センターが発足し，1977年以降，『レ

ジャー白書』が発刊されている。

② 今日のレジャーとレジャー産業の役割

　高度成長，オイルショック，バブル崩壊と失われた10年といった経済環境だけではなく，国際情勢，環境問題など，われわれはさまざまな事象が絡み合う複雑な社会で生活している。レジャーに対する意識や価値観も社会情勢とともに変化してきたのだ。

　アメリカの心理学者マズローは人間の欲求を生理的欲求，安全欲求，社会的欲求，尊敬欲求，そして自己実現欲求の5段階に分け，低次元の欲求が満たされると高次元の欲求に向かっていくと説いている。モノや情報が溢れ，欲求が高い水準で満たされる今日の日本では，人々の欲求は「自己実現欲求」に集中する。つまり，自己実現欲求が満たされることによって，生きていて良かったと思うのである。井原哲夫慶大教授はその著書『「豊かさ」人間の時代』（講談社，1989年）で，「生き甲斐」という言葉を使っているが，私はマズローの「自己実現欲求」とは「生き甲斐」と言い換えることができると考えている。人間は社会の中の一員から外れて生存し得ない。その実在感は他人に認められることで達せられる。そこに生き甲斐が生まれてくる。

　レジャー産業とはレジャー活動を通じて「自己実現欲求」を図る人々に時間や空間を提供している産業である。社会情勢の移り変わりの中で，消費者が大いに学び，多くの選択肢の中から自分に必要なものを選別した結果，ニーズは急速に多様化した。これに対応するために個々の施設やサービスの質が問われるだけではなく，異なった業態を融合するなど新たな時空の提供が必要となってきた。

　レジャー活動は「休息やストレス解消」「健康」「社交」など目的意識をもったものから，「楽しいから」といったごく自然で感覚的なものまでさまざまであり，その意義も時代の変遷とともに変化するが，レジャーは人々の生活にしっかりと根付いてきた。どの時代においても，「喜び，感動，安らぎ」を通

じて,「自己実現の欲求」を満たしたり,「生き甲斐」を感じさせるのがレジャー産業の社会的使命であろう。

3. レジャーを取り巻く環境

(1) 労働時間の推移——目前に迫る1,800時間労働

1988年,年間総労働時間を1,800時間程度に向けて1992年度中までに短縮するように閣議決定がなされ,さらに1993年には労働基準法で週40時間労働に改定されて,週休2日制が普及し始めた。

1985年に2,110時間であった年間実労働時間は急速に減少し,今や1,800時間に迫る勢いである（厚生労働省「毎月勤労統計調査」）。

年間の実労働時間が1,800時間となると,睡眠・食事等の生活必需時間を考慮しても,自由時間は1,800時間以上になる。したがって,生活におけるレジャーの存在はますます大きくなるものと考えられる。

(2) ハッピーマンデー制度

2000年および2003年に国民の休日に関する法律が改正されたことにより,成人の日,海の日,敬老の日,体育の日が,それぞれ月曜日となった（ハッピーマンデー制度）。週休2日制が定着した今日,月曜日を休日とすることで土曜日・日曜日と合わせた3連休にし,自由時間を過ごしてもらうことが狙いである。国民にとってはレジャー活動の選択肢が増える機会となった。

(3) レジャーに対する意識の変化

① 生活の力点におけるレジャーの台頭

図表2－1は「今後の生活において,力を入れたいと思う項目（生活の力点）」の推移を表したものである。1983年に「レジャー・余暇生活」の力点は「住生活」の力点を抜き,トップとなった。さらにバブル経済のはじまりと呼

図表2-1　今後の生活の力点の推移

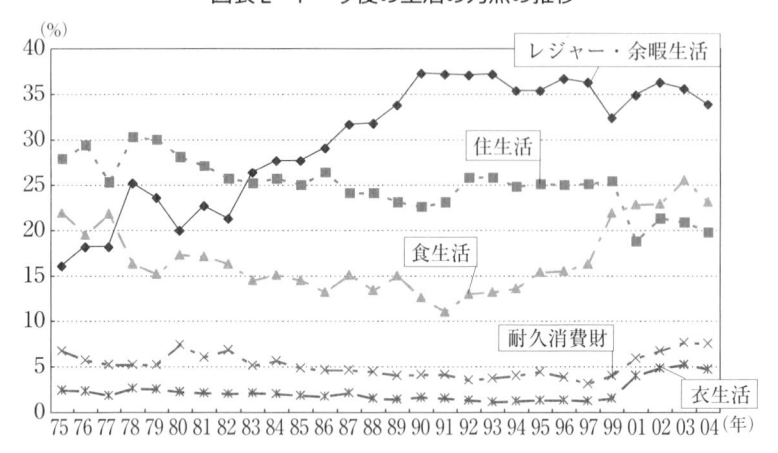

出所）内閣府大臣官房政府広報室「国民生活に関する世論調査」

応するように30％台となり，以後15年間30％台で推移している。近年はまさに「レジャーの時代」と捉えることができる。

また，2001年には「食生活」の力点が「住生活」の力点を超えた。これは「生きるための食生活」ではなく，「レジャーとしての食生活」に力点が置かれていると解釈するのが妥当であろう。

② レジャーに対する意識の現在と今後

レジャーは今後どのような方向に進もうとしているのか。『レジャー白書』によると総労働時間の短縮にもかかわらず，余暇時間が減ってきたと感ずる人の割合が増加している。余暇よりも広い概念として用いられる自由時間の中で，(a)パソコン・携帯端末（情報活動余暇），(b)資格取得学習・体力づくり（能力向上余暇），(c)ボランティア（社会性余暇）への時間を増やしている人たちは，これらを余暇とは考えていないのではないか。従来の労働時間から解放された自由時間（余暇）はもっぱら「休養」「気晴らし」に使うという認識から，余暇（娯楽）とレジャー（スコレ）に二分化しつつあり，人々のライフスタイル

の重点は「自由時間をどう満喫するか」に一段とシフトしていくであろう。

「休養」「気晴らし」「ストレス解消」などレクリエーションの性質をもった項目に多くの自由時間が割かれている。しかし，今後はこのような用途が減り，「趣味やスポーツ」「自分の能力向上」「健康の維持や増進」「自然に親しむ」「地域活動やボランティア」などレクリエーションとは一線を画したレジャーへの志向が強くなると考えられる。

(4) 余暇活動への関心

レジャーに対する意識の変化を考察してきたが，ここでは，レジャー活動の人気について考察する。『レジャー白書』によると，参加希望率上位10項目を現在と10年前とで比較すると，上位4項目は1991年以降変わっていない。「国内旅行」「外食」「ドライブ」「海外旅行」などいわゆる観光・行楽に人気が集まっている。

5位にパソコンが登場した。情報技術の進歩はめざましく，ストレスを感じることなく，ゲームやインターネットを楽しむことができるようになったことが背景にある。また，「音楽鑑賞」に取って代わり，「ビデオの鑑賞」がランキングに入ってきた。DVDの普及により映像を小さな媒体に記録し，持ち運び可能となりデジタル方式の映像が劣化しないことが背景にある。

(5) 余暇市場の推移

(1)から(4)において，自由時間が増加する環境が整ってきたこと，レジャーに対する意識が変化しつつあること，そして人気（参加希望率）の高いレジャー活動の内容を検証してきた。ここでは，これらの変化の中でレジャーの市場がどのように推移してきたかを検証したい。図表2-2はレジャー市場の推移をまとめたものである。1980年代前半は50兆円に満たなかった余暇市場はバブル経済の進展，労働時間の減少などに後押しされ，1995年には85兆円を超える市場へと成長した。しかし，バブル崩壊後，その成長率は鈍化し，今日に至って

図表 2-2　余暇市場と対国内総支出，対民間最終消費支出の推移

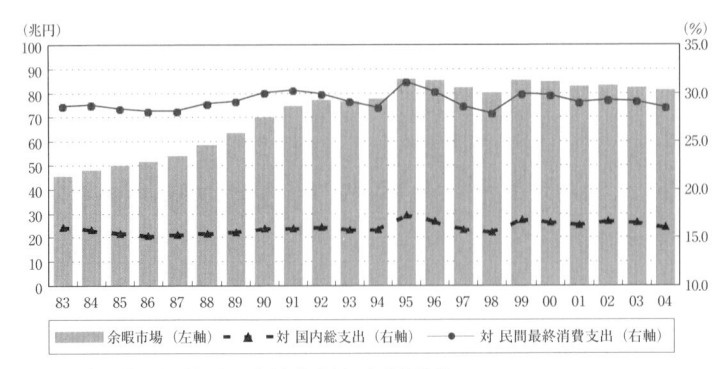

出所）内閣府　経済総合研究所「国民経済計算統計」
　　　㈶社会経済生産性本部『レジャー白書』より作成

いる。

　折れ線グラフは，余暇市場と国内総支出，民間最終消費支出の比を表している。余暇市場は対国内総支出で15〜17％，対民間最終消費支出で28〜31％で安定して推移している。市場規模だけを追うと，成長し，その後停滞しているように見えるが，レジャーには常に一定の消費が割かれており，人々の生活に定着していることがわかる。

　次に，余暇市場を「スポーツ」「趣味・創作」「娯楽」「観光・行楽」の4部門に分け，その規模と推移をみてみる（『レジャー白書』より）。

　スポーツ部門は，スポーツ用品の売上高，スポーツ施設利用料，スポーツ観戦料で構成される。およそ81兆円の余暇市場の内，スポーツ部門には5％に相当する4兆3,800億円しか割かれていない。その約4兆円の内，スポーツ観戦料に消費されているのは1,360億円で，競技場施設数が少ない故もあるが，競技場ではなくテレビ等マスコミによる関心度は消費シェアよりかなり高い。

　趣味・創作部門は，趣味・創作用品（カメラ，楽器，絵画用品など），鑑賞レジャー用品（音響機器，映像ソフトなど），新聞・書籍，学習レジャーサービス（料理，手芸など），鑑賞レジャー（映画，観劇など）で構成され，余暇市

場の14％に相当する11兆6,390億円が消費されている。新聞・書籍に4兆5,250億円，鑑賞レジャー用品に3兆8,010億円が割かれており，この部門の72％が2つの項目で占められている。昔から大衆のレジャーとして親しまれてきた鑑賞レジャーには6,190億円しか割かれていない。

娯楽部門は，ゲーム（パチンコ，ゲームソフトなど），ギャンブル（公営競技，宝くじ），飲食（外食，バーなど），カラオケボックスで構成され，余暇市場の70％近い54兆7,690億円がこの部門で消費されている。2004年のパチンコの市場規模は29兆4,860億円であり，娯楽部門の54％，余暇市場全体の36％を占める。一方，公営競技および宝くじの市場規模は6兆4,580億円であり，パチンコの4分の1にも満たない。

観光・行楽部門は，自動車関連（乗用車，ガソリンなど），国内観光・行楽（運輸，遊園地，ホテル，旅行業収入など），海外旅行（国内航空会社の国際線収入）で構成され，余暇市場の13％に相当する10兆5,310億円がこの部門で消費されている。参加希望率が第1位であった国内旅行には6兆7,640億円が消費されているが，余暇市場全体の8％に過ぎない。なお，海外旅行には8,240億円が割かれているが，旅行先での支出は含まれていない。また，遊園地・レジャーランドの市場規模は6,320億円であり，代表的なレジャーであるにもかかわらず，シェアは非常に低い。

4. 東京ドームグループのレジャー事業について

(1) プロ野球と後楽園スタヂアムの誕生

東京ドームの前身，後楽園スタヂアムはプロ野球（当時は職業野球）が誕生した翌年，1937年にプロ野球専用球場として完成した。第2次世界大戦がはじまると敵国アメリカのスポーツである野球に関して文部省（現文部科学省）は使用する用語を日本語化した。「ストライク」は「よし」，「ボール」は「だめ」といった具合であるが，実際は守られていなかったようである。このよう

な状況下では、後楽園スタヂアムでも野球は行われず、戦時中は高射砲陣地となった。終戦とともにアメリカは後楽園球場を接収したものの、占領政策上、野球は大いに発展させるべきであると考え、間もなく接収は解除された。1946年、プロ野球は再開され、相撲と並び国技として愛好者を集めている。

(2) 戦後復興と競輪

1948年、競輪は戦後の都市復興資金を捻出するため、地方自治体が主催者となり、九州・小倉でスタートした。翌1949年には後楽園競輪場もオープンし、大変な活況を呈した。当時は物資が乏しかったため、競輪場来場者の衣服は汚く、「ドブネズミルック」と揶揄された。また、着順を巡って騒動が起きたこともあった。これらのイメージが色濃く受け継がれ、今日でも競輪を快く思わない人がいるのも事実である。後楽園競輪の主催者であった東京都は、都市復興は整備され、財政も豊かになったので、競輪による歳入は必要ないと判断して、都営競輪の廃止を決定し、後楽園競輪は1973年に休止となった。1991年に1兆9,000億円まで成長した競輪市場（車券売上高）は2004年に1兆円を割り込んだ。しかしながら、競輪が日本の戦後復興に貢献したことは事実であり、現在は競輪ファンのマナーもよいことを考えると、公共福祉等に寄与する競技として、社会的な地位を得ても良いはずである。

(3) 後楽園アイスパレスのオープン —— 一流選手と同じ施設でプレイ

1951年、戦後2番目のアイススケートリンク、後楽園アイスパレスがオープンした。当時、日本スケート連盟は屋内スケートリンク開設の必要性を感じていたが、一競技団体が営利施設を開設することは困難であった。そこで、小松製作所、読売新聞社、当社が協力し、日本スケート株式会社を設立した。そして、3年が経過したところで、日本スケート株式会社を合併したアイスパレスでは、アイスショー、アイスホッケー国際親善試合など多くの興行が行われた。

また、会社・学校・クラブの練習にも開放され、1964年の冬季オリンピック

(インスブルック大会)で，日本女子選手初のオリンピック入賞者(5位)となった福原美和などが育った。一方，同年の東京オリンピックではボクシングの試合会場としても使用された。当社は野球場，競輪場といった「観戦するスポーツ施設」から「一流の選手と同じ場所でプレイすることが可能な施設」の経営へと乗り出した。

(4) 朝鮮戦争特需と新たなレジャー活動の芽生え

　1952年，後楽園球場でボクシングのフライ級の世界タイトルマッチが行われた。4万人が見守る中，白井義男選手はダド・マリノ選手を破り，日本人として初めて世界チャンピオンになった。この試合の3ヵ月前に日本ボクシングコミッションができ，世界ボクシング連盟に加入した。ボクシングを日本に初めて紹介し，帝国拳闘クラブを設立して，普及に努めた田邊宗英が，当社の社長であった経緯もあり，その初代コミッショナーに就任した。現在は私が5代目コミッショナーを務めている。当社とボクシングの関わりは深く，現在も後楽園ホールで多くの試合が行われており，東京ドームオープン時にはマイク・タイソンのタイトルマッチが行われ，その模様はテレビで世界中に同時中継された。2002年には世界ボクシング評議会(WBC)総会が東京ドームホテルで開催されている。

　白井が世界チャンピオンに輝いた頃，菊田一夫の代表作，ラジオドラマ「君の名は」が放送された。当時は自宅に風呂がある家が少なく，ほとんどの人が銭湯に通っていたが，「番組が始まる時間(午後8時)になると，銭湯の女湯から人が消える」といわれるほどラジオの前に人が集まった。この頃の日本は朝鮮戦争特需に沸き，レジャー活動が芽生えたものの，国民は多くの自由時間をもつことはなかった。正しく，レジャーがレクリエーションの時代であった。

(5) 日本初の都市型遊園地誕生

　私が入社した1955年に後楽園ゆうえんちがオープンした。当時の遊園地は私

鉄が行う沿線開発の一環で，安価な土地に建設し，来園者の運賃収入で利益を獲得する事業モデルが一般的であった。そのトップを切ったのが1911年にオープンした宝塚ファミリーランドであり，さらに少女歌劇団専用の劇場も併設することで大変な成功を収めた。この成功に倣い，1925年に東急電鉄が多摩川園を，1926年に西武鉄道は豊島園をオープンした。このような中で，当社は地価の高い都心に都市型遊園地を建設したため，大きな話題となった。

アメリカのニューヨークにコニーアイランドという場所があり，夜間も遊園地の営業を行っていた。そのネオンサインは大変素晴らしいものであった。そこで，昼だけではなく，夜も遊ぶことができる遊園地とすることで都心にあることの優位性を活かした。午後9時になると，閉園するために「蛍の光」を流したが，お客様にお帰りいただけず，午後10時を過ぎても園内にいらっしゃるほどの大盛況であった。

この年，後楽園ゆうえんちに日本で初めてのジェットコースターが設置された。アメリカでは「ジェットコースター」と呼ばず，「ローラーコースター」と呼ぶ。海岸（コースト）でローラーを走らせたため，ローラーコースターと呼ぶようになったといわれている。しかし，当社では別の名前を付けることになった。お客様に存在や速さをアピールすることができ，覚えていただくために短い名前が相応しいと考えた。「ロケットコースター」も候補として挙げられたが，当時，開発されつつあり，最速のイメージも強かったジェット機にちなみ，「ジェットコースター」と命名した。よって，ジェットコースターは後楽園ゆうえんちの乗り物に付けられた固有名詞である。しかし，当社が商標登録を行わなかったため，日本にあるコースターは全てジェットコースターになってしまった。

現在，JRはリニア新幹線の開発を進めており，JR東海は愛知万博で超伝導リニア館というパビリオンを運営していたが，未だ実用化されていない。一方，後楽園ゆうえんちでは1999年にリニアの原理を用いたコースター，「リニア・ゲイル」を導入した。最高時速100kmを誇る高速コースターである。

このように当社の遊園地は時代に先駆け，さまざまな遊戯機器を導入してきたが，その歩みは未だ止まっていない。これまでジェットコースターのあった区画の再開発を行い，2003年にラクーア（Aquaを捩った造語）をオープンした。水にテーマを置き，命の水を求める若き男女がラクーアで出会い，サンダードルフィン（コースター）やワンダードロップ（ウォーター・スライダー）で冒険を重ね，ラクーアランド（珊瑚礁を泳ぐ大魚を模したビル）に達し，ショッピングモール楽園（飲食・物販70店舗）で湧き水にスパ（温泉）を見出し，幸せな生活を送るというパラダイスを演出した。当初，女性若年層を対象に企画したスパは「やすらぎ・癒し」志向のニーズにマッチし，幅広い階層の人気を集めている。これに伴い，脱遊園地を図り，フリーゲート（ゲート取り払い，出入り自由とする運営方式）とし，名称を東京ドームシティアトラクションズに変更した。

⑹　リゾート型レジャーの登場

　1959年，石打後楽園スキー場（現舞子後楽園スキー場）が新潟県塩沢町にオープンした。ゲレンデにナイター設備を設置した。後楽園球場の照明灯は試合中に切れると困るため，1年ごとに新しいものに取り替える。したがって，倉庫にはまだ使える照明灯が多く残されていた。これを利用したため，アメリカ人が志賀高原につくったものより明るいゲレンデをつくることができた。また，1965年，東京ドームグループで最初のホテルを熱海にオープンした。遊園地を併設してリゾートホテルを意識した作りとし，熱海が大人の歓楽地から家族の行楽地に生まれ変わる切っ掛けとなった。この頃からリゾートブームが始まる。

　1959年は皇太子（現天皇陛下）のご成婚など明るい話題に日本中が沸く一方で，安保反対運動が盛んになり，デモ隊が国会を取り巻き，東京大学の学生，樺美智子が亡くなるという事件も発生した。アイゼンハワー大統領（当時）は安全保障条約の締結相手国である日本に配慮し，訪日を中止した。その際，岸

図表2-3　東京ドームグループのレジャー事業について

		時代背景と市場環境		東京ドームの事業推移
庶民娯楽の芽生え	1930年代	1936 ベルリンオリンピック 37 日中戦争 41 太平洋戦争開戦		1936 後楽園スタヂアム（現：東京ドーム）設立 37 後楽園球場竣工
	1940年代	45 ポツダム宣言受諾　終戦 47～49 第1次ベビーブーム　団塊の世代		45 野球場接収（翌年接収解除） 49 株式上場 後楽園競輪場 オープン
	1950年代	50 朝鮮戦争勃発 　千円札発行 51 講和条約締結 　パチンコ大流行 52 ラジオドラマ「君の名は」大ヒット 53 テレビ放送スタート 54 三種の神器（洗濯機・冷蔵庫・掃除機）普及 56 経済白書「もはや戦後ではない」 　太陽族の風靡 59 皇太子（現天皇陛下）ご成婚	朝鮮戦争特需 神武景気 岩戸景気 いざなぎ景気	50 ナイター設備完成 51 後楽園アイスパレス オープン 52 日本プロボクシング初代コミッショナーに田邊宗英就任 　世界フライ級チャンピオン白井義男誕生（後楽園球場） 54 ローラースケート場 オープン 55 後楽園ゆうえんち オープン 58 ジムナジアムオープン 59 石打後楽園スキー場 オープン 　（リゾート事業参入）
マスレジャー全盛	1960年代	60 安保反対デモ隊国会突入 61 スキー客100万人突破 62 堀江謙一ヨットで太平洋横断 63 ボウリング人気沸騰 64 東京オリンピック開催 65 エレキギターブーム 66 新三種の神器（カラーテレビ・車・クーラー）普及 70 大阪万博	列島改造ブーム	61 箱根後楽園スケート場オープン 　ボウリングセンター（全自動）オープン 　石打後楽園ゴルフ場 オープン 65 熱海後楽園ホテル オープン
時間消費型レジャー拡大	1970年代	73 第1次オイルショック 　ゴルフ場造成ブーム 75 沖縄海洋博 76 1等1千万円の宝くじ発売 79 インベーダーゲーム流行 83 東京ディズニーランド オープン 85 筑波科学博 86 男女雇用機会均等法施行 87 リゾート法成立	安定成長 輸出拡大	71 アドホック（飲食・物販テナントビル）オープン 　ショップイン1号店オープン（現在40店） 　（流通事業参入） 73 札幌後楽園カントリークラブ オープン 76 後楽園球場人工芝敷設 79 スポーツクラブ事業参入 86 西日本後楽園（複合リゾート施設）オープン
レジャー産業の高度成長	1980年代	89 昭和天皇崩御・年号「平成」に 　消費税導入（3％） 90 大阪花博 91 バブル経済崩壊 93 サッカーJリーグ発足	平成景気	88 東京ドーム竣工 　東京ケーブルネットワーク 開局 　札幌後楽園ホテル オープン 89 馬頭後楽園ゴルフ場 オープン 90 ㈱東京ドームに社名変更
	1990年代	95 阪神淡路大震災 　地下鉄サリン事件 99 欧州統一通貨ユーロスタート 2000 IT革命推進 01 世界貿易センタービルにテロ攻撃	平成不況	94 水戸後楽園ゴルフ場 オープン 2000 東京ドームホテル オープン 　（現在、東京、札幌、熱海、城島、上越でホテル経営） 　市原後楽園ゴルフ場オープン 　（現在、会員制が札幌・城島、パブリック制が馬頭・水戸・市原でゴルフ場経営）
レジャーの多様化	2000年代	02 サッカー日韓W杯共催 03 イラク戦争勃発 04 ニートが社会問題に 05 愛知万博		02 アメリカ大リーグ 東京ドームで開幕 03 ラクーア（スパ・飲食・物販複合施設）オープン 04 松戸公産合併

総理大臣（当時）が悔しそうに「騒いでいるのは国会の周りだけで，一部の学生ではないか。国民は平穏に暮らしているし，経済もどんどん復興している。今やもう戦後ではない。あの後楽園では今巨人軍が野球をしてるじゃないか。こんな平和な国だよ」といったのがつい昨日のように思い出される。この言葉が示しているように日本は戦後から脱却し，高度成長へと突入していく。そして，この時代にレジャー活動は生活の一部として定着し，マスレジャーの時代が到来するのである。

(7) ボウリング・ブーム

　1962年に後楽園ボウリングセンターはオープンしたが，その前年にはアイスパレスのサブリンクを改装し，日本初のオートマチックピンセッターを導入したボウリング場（8レーン）を開設していた。当時の日本は完全な貿易統制下に置かれ，不要不急の遊戯機械には輸入外貨（ドル）の割当がほとんどなかった。しかし，知恵者がおり，「東京オリンピック（1964年）開催時に日本はただ働くばかりではなく，美しい観光施設もあれば，遊技施設もある文化国家と宣伝した方が，海外からより多くの観光客が集まり，外貨を落とす。今，アメリカではボウリングが盛んだから，実験的に輸入してみてはどうか。」と掛け合い，運輸省（現国土交通省）の添え書きを付け，大蔵省（現財務省）に提出した。結果，特別に8レーンのみ輸入することが許可されたという経緯がある。1963年に貿易自由化，1964年には為替自由化が行われ，高度成長が始まる。1968年には，日本はGDPがアメリカに次ぎ，世界第2位という経済大国への道を歩み出した。

　ちなみに，当社のボウリング場は，日本で最初にオートマチックピンセッターを導入したボウリング場である。

　ボウリングは大変なブームとなった。当時，私どもが行ったアメリカの調査研究によると，1日1レーン当たり大体40ゲーム稼働していた。そこで，日本でも同様に1日1レーンの稼働数を40ゲームと仮定し，損益分岐点のゲーム料

金を求めると250円となる。この計算に基づき，1ゲームを250円と定め，営業を開始すると大変な盛況で1日1レーン当たり60ゲーム稼働し，大きな利益をもたらした。この状況を知った他社もボウリング事業に参入し，競争が始まった。24時間営業するようになると1日1レーン当たり100ゲーム稼働するようになり，ボウリング業界は急速に成長を遂げた。

　1971年，当社もボウリング事業の拡大路線を敷こうとしていた。しかし，私は「日本にはすでに4万以上のレーンが存在し，アメリカの8万レーンの半分に達している。これに対し，日本の人口はアメリカの人口2億2,000～3,000万人の半分に満たない1億1,000万人である。さらにアメリカは1日1レーン当たり40ゲームで落ち着いている。したがって，ボウリング市場は飽和状態に近く，これ以上，ボウリング場を展開することは危険である」という内容のレポートを提出した。残念ながら，このレポートは受け入れられず，事業を拡大することなり，ボウリング場をいくつか手がけることとなった。

　日本のボウリングレーンは14万レーンに達したため，1日1レーン当たり20ゲームどころか，10ゲームに満たないボウリング場も出てきた。多くのボウリング場が借入金で建設されていたため，次々と倒産した。これが1973年から1974年頃に起きたボウリング不況である。そして14万レーンあったボウリングレーンは現在3万レーンにまで落ち込んでいる。

5．ドームについて

(1) 東京ドームの稼働状況

　図表2－4は東京ドームの入場者数と稼働率の推移である。1988年はいわゆるオープン景気で非常に高い稼働を記録したが，現在は90％前後で安定して推移している。スポーツに始まり，コンサート，コンベンション，各種催事など多様なイベントを誘致できることが安定稼働に繋がっている。

図表 2-4　東京ドームの入場者数と稼働率の推移

後楽園球場◀─▶東京ドーム　　　　　　　　　　　　　　　　（単位：千人）

年　度	1987	1988	1990	1995	2000	2004
巨人戦	2,850	3,136	3,136	3,355	3,410	3,410
日本ハム戦	1,046	2,270	2,057	1,458	1,354	475
その他プロ野球	347	812	593	268	829	787
アマチュア野球	321	1,025	943	608	465	474
イベント	862	3,874	4,289	3,541	2,800	2,707
合　計	5,426	11,117	11,018	9,230	8,858	7,853
稼働率（％）	n.a.	95.0	91.5	92.9	86.3	88.0

注）1．年度は2月1日〜翌1月31日
　　2．1987年度の数値は後楽園球場，1988年以降は東京ドームでの実績
　　3．2004年に日本ハムが札幌に移転し，ゲーム数は1/4に減少した

(2) 海外のドーム球場

　世界で最初の屋根付き球場は1965年に完成したアストロドームである。1970年の大阪万博に設置されたアメリカ館はエアドームだった。このエアドームの設計に日本人，村田豊が参画していた。アメリカ人はこのエアドームを高く評価して，そっくりアメリカに持ち帰り，研究を重ねた結果，5年後の1975年に世界で最初のエアドーム球場，シルバー・ドームの竣工にこぎつける。そして7年後の1982年，東京ドームのモデルとなるメトロ・ドームが建設されたのである。

　図表2-5は北米の主要なドーム球場である。表中の☆印はエアドームである。1980年代は，建設された5つのドーム球場の内，4つがエアドームであり，まさにエアドームの時代であった。しかし，1990年代に入るとレトロ調ボールパークがブームとなり，屋根が可能な限り目立たなくなるように設計した開閉式ドーム球場が建設されるようになった。また，フィールドも天然芝を敷設するようになる。セーフコ・フィールド，ミラー・パーク，ミニッツメイド・パークなどがその代表例である。

　さて，16ものドーム球場があるにもかかわらず，所在が北と南に偏っている。

図表2−5　海外(北米)の主要なドーム球場とその位置

	名　称	場　所	完成年	収容人員	備　考
①	アストロ・ドーム	ヒューストン	1965	55千人	
②	スーパー・ドーム	ニューオリンズ	1975	75千人	
③	シルバー・ドーム	☆デトロイト	1975	80千人	
④	キング・ドーム	シアトル	1976	65千人	2000年に閉鎖
⑤	オリンピック・スタジアム	モントリオール(加)	1976	75千人	
⑥	メトロ・ドーム	☆ミネアポリス	1982	62千人	
⑦	BCプレイス	☆バンクーバー(加)	1983	60千人	
⑧	RCAドーム	☆インディアナポリス	1984	61千人	旧：フージャー・ドーム
⑨	ロジャース・センター	トロント(加)	1989	53千人	旧：スカイ・ドーム
⑩	トロピカーナ・フィールド	☆セントピータースバーグ	1989	43千人	旧：サンコースト・ドーム
⑪	ジョージア・ドーム	アトランタ	1992	72千人	
⑫	バンクワン・ボールパーク	アリゾナ	1998	49千人	
⑬	セーフコ・フィールド	シアトル	1999	47千人	
⑭	ミニッツメイド・パーク	ヒューストン	2000	42千人	旧：エンロン・フィールド
⑮	ミラー・パーク	ミルウォーキー	2001	43千人	
⑯	リライアント・スタジアム	ヒューストン	2002	69千人	

＊表中の☆はエアドーム

①，②のドームが南にあることからもわかるように，ドーム球場は南からできていった。最初にできたアストロ・ドームが所在するヒューストンは非常に暑いため，ナイトゲームを行う。しかし，屋外では蛾が照明灯を覆い，バッタがボールと一緒に飛んできて，打撃や守備の妨げとなってしまう。これらの昆虫を球場内に入れないためにドーム球場が造られた。また，北にも寒さ対策としてドームが建設されるようになった。ちなみにヒューストンは北緯30度で沖縄と，ミネアポリスは北緯45度で稚内と同等の緯度である。

　このように地域の事情で誕生したドーム球場であるが，球場全面を屋根で覆ってしまったため，太陽光がグランドに十分届かず，芝が育たなかった。そこで，人工芝が開発され，アストロ・ドームに導入され，アメリカでは人工芝をアストロターフと呼ぶ。日本では，後楽園球場が最初に人工芝を導入した。人工芝は20年前で1坪当たり7万円，今日でも1坪当たり6万円程度かかるため，非常に高価である。その後，人工芝は硬いビニール系の芝から，柔らかいポリエチレン系の芝に改良され，人工芝を嫌ったサッカー場にも採用されるようになっている。

⑶　わが国のドーム球場

　わが国のドーム球場は図表2-6のとおりである。ホームベースからセンターまたは両翼までの距離はいずれも122mと100mで統一されているが，これは国際規格でセンター121.92m（400フィート），両翼99.06m（325フィート）以上が必要であると規定されているためである。アメリカの球場は広さがまちまちであったが，当社は，今後，世界共通の球場を造るべきであると考え，日本で初めて国際規格に沿った球場を建設した。これ以降，国内の球場は国際基準に則って造られるようになった。

　一方，屋根の重量は各ドームの構造により大きく異なる。福岡ドーム12,000 t，札幌ドームにいたっては14,000 tであるのに対し，東京ドームは406 tときわめて軽い。これは東京ドームがエアドーム，つまり天井を空気で押し上げるた

図表2-6　わが国のドーム球場

	東京ドーム	福岡ドーム	大阪ドーム	ナゴヤドーム	札幌ドーム
開　場　年	1988年	1993年	1997年	1997年	2001年
収　容　人　員	55,000人	48,000人	48,000人	40,500人	53,845人
フィールド面積	13,000m²	13,500m²	13,200m²	13,400m²	14,460m²
センター・両翼	122・100m	122・100m	122・100m	122・100m	122・100m
天井の高さ・重量	62m・406t	68m・12,000t	72m・7,000t	61m・10,300t	68m・14,000t
外野フェンス	4.0m	5.8m	4.2m	4.8m	5.3m
建　設　費	350億円	560億円	498億円	460億円	537億円
後　背　人　口	3,291万人	245万人	1,206万人	693万人	286万人

出所）各ドームのホームページ，朝日新聞社「民力」より作成

め，天井を軽くする必要があったからである。東京ドームの天井は厚さ0.6mmのガラス繊維でできている。これは昼間にアマチュア野球を行う際は，照明を点灯しなくても良いくらい太陽光を通す薄さである。反対に日本で最初の開閉式を採用した福岡ドームは，屋根部材の他にレールなどの構造体が必要となり，重くなる。また，札幌ドームは開閉式ではないものの，屋根の積雪に耐えうる構造を採用したために重くなっている。

6. 21世紀のレジャー産業

　21世紀は情報化社会といわれている。電話回線から始まった情報インフラはDSLから光ケーブルへと発展している。また，CATVに代表される同軸ケーブルでも情報がやり取りされる。私が流通科学大学で講演させていただいた1999年，日本電気の関本忠弘氏は世界新聞学会で「情報を自分で選択して取れる，受信する時代が来る」と語っていた。今やインターネットを利用し，キーワードを入力することで，溢れる情報の中から欲しい情報を瞬時に取り出すどころか，簡単に発信できるようにもなった。今年（2005年）初め，ライブドアによるニッポン放送株の公開買い付けが行われた際，堀江社長のブログが大変話題

を集めた。ブログとは日記をインターネット上で公開することであり，情報技術に関する特別な知識がなくとも，簡単に作成可能である。また，携帯電話の発達もいちじるしい。もはや電話ではなく，立派な情報端末であり，決済機能も備えている。

　われわれレジャー産業も情報化時代に対応している。当社のホームページを開くと，アトラクションの待ち時間が刻々と更新されている。また，2003年にオープンしたラクーア内のアトラクションでは，携帯電話で混雑状況を確認し，予約を取り，乗り物料を決済することができる。

　情報革命・流通革命はわれわれの生活を飛躍的に効率化した。水道橋地区に遊びに行く場合，インターネットで，最短の交通経路を検索し，到着時間を予測，その時刻に合わせ携帯電話でアトラクションを予約し，決済を済ませる。駅に着けば，携帯電話のナビゲーションどおりに目的地まで歩く。道に迷うこともなければ，アトラクションの待ち時間も銀行でお金を引き出す必要もない。結果，「自由時間」，つまり，「生き甲斐」を見つける時間はさらに増加し，ニーズも多様化してくる。われわれはこの多様化するニーズに応えるため，弛まぬ進歩を遂げなければならない。

　ところで，東京ドームグループではケーブルテレビ事業を営んでいるが，3人で暮らしている家庭に3台テレビがあるのが当たり前になった。ラジオで「君の名は」を聴き，テレビ1台を家族全員で囲み，一家団欒を過ごしていた私は，家族が個々のテレビで，それぞれ別の番組を視聴するという状況が家族崩壊に繋がると感じずにはいられない。もはや核家族ではなく，各個人の時代である。個人の欲求を突き詰めるのか，反対に連帯感を提供するのか，個人時代のレジャーをさらに掘り下げる必要がある。

　21世紀はITの発達により労働効率が向上し，時間的ゆとりが生まれる。日本はしばしば，経済大国になったといわれるが，衣食住が満ち足り，自由時間が得られても，それが即豊かな生活といえるか疑問である。心の豊かさはレ

ジャータイムをいかに費やすかにかかっている。レジャー活動には，カネ・時間・活動の能力・設備が不可欠要素であり，レジャー産業も施設の一端を担っている。個々人が自己実現の欲求に挑戦し，達成し，人々から評価された時，生き甲斐は最高潮に達する。その喜びのために余暇産業はお手伝いし，邁進せねばならない。

7. おわりに

　ゲーテとも親交の深かったドイツの詩人であり，戯曲ウィリアム・テルの脚本家としても有名なフリードリヒ・フォン・シラーは，「プレイ（Play）をしているときが一番人間的な時間」といった。プレイをしているとき，これは自分の生き甲斐を見出している時間であろうと思う。読者には自分の好きな世界で大いに羽を伸ばしていただきたいものである。

第3章

国民の観光旅行と観光産業

〈1997～2005年〉

観光開発プロデューサー，前㈶日本交通公社常務理事　原　　重　一

概　要

この章では，
① 人間の自由時間活動のひとつとしての観光旅行（活動）
② 観光産業の規模と特徴
③ 旅行業という産業と企業

について筆者の体験・経験を交じえ解説する。はじめに「言葉」の概念について述べ，「観光」と「旅行」の"違い"と共通点にも言及する。①では，「自分の時間に自分のお金で自分の好きな活動をする」という"自由時間"活動と"観光"活動について，②では，観光客を受け入れるそれぞれの地域における地域振興と観光産業の関係，役割について解説する。③の旅行業については，JTBを事例に企業と産業の歴史，役割等に言及する。

2003年の首相の施政方針演説以降，観光事業が国の重要な政策として改めて認知され，特にインバウンド（外国人の訪日旅行）が国の重要な政策として具体化し，アジアを中心に訪日外国人は着実に増えている。にもかかわらず，観光，旅行関連の個々の企業はもちろん，産業としても順調に推移しているとは言い難い。国民の観光活動の現状も満足できる状況ではない。インバウンドの問題とこの10年の変化についてはデータの更新とともに補論で若干の解説を試みる。

1. 国民の旅行について

　まず「初めに人間ありき」が出発点である。人間がなぜ旅行するのか，どういう旅行をするのかという場合の「旅行（ツーリズム）」は観光旅行であるが，この他にビジネスのための旅行，業務旅行もある。どこが違うのか。観光産業，旅行産業という言葉は聞いたことがあるだろう。自動車産業や住宅産業と同じように観光産業という言葉がある。ではどういう産業なのか。さらに筆者はJTBクループの㈶日本交通公社というところで禄を食んでいた。35年ぐらいだ。皆さんは，旅行というと必ず出てくる，JTBがどういう産業に属し，どういうおいたちの企業かということに少なからず関心があるだろう。

(1) 人間と自由時間活動

　さて観光旅行だが，業務旅行との違いはあとで詳しく解説するが，前者が個人の自由時間活動であるのに対して，後者は文字どおり，"仕事"のための旅行である。まずここでは，自分の時間に自分のお金で旅行する観光旅行に焦点をあてる。人間はお金はもちろん，時間や精神的に少しでも余裕が出てくるといろいろな旅行をしたがるようになる。例えば，これからゴールデンウィークが始まるが，お正月休みや夏休みあるいはゴールデンウィークの前になると，どのぐらいの人が，どういう旅行を希望しているかが新聞やテレビなどマスコミの話題になる。そしてJTBは，就職先として特に文科系の学生に非常に人気がある。なぜ旅行業，JTBに人気があるのか。

　今，国民に，「お金と時間に余裕がでてきた時に，何をやりたいか」という質問をすると，60%前後の人たちが旅行をしたいと答える。海外旅行であったり，国内旅行だ。

　若い人に限らず，年配の方，もう人生も終わりに近い人々まで男女，世代を問わず，旅行をしたいという人たちが圧倒的に多くなってきている。日本観光協会の「観光の実態と志向調査」によれば，18歳以上の国民の55%が宿泊を伴

う旅行をしている。海外旅行については，1,700万人近い人たちが世界各地へ観光旅行をしている。この現象は，おそらく世界の先進諸国といわれる国々の国民共通のものだろう。日本の場合，明治維新以降の近代化100余年の歴史上，欧米志向が強いが，最近では，近隣アジアを含めて世界の国々へ観光している。もちろん，ガイドブックやテレビをはじめとする，豊富な情報によって，おれも私もと駆りたてられるという面もある。しかしながら実際に自分のこの目で未知の国々を見てみたい，体験したい，あそこに行ってみたい，ここに行ってみたいという欲求は，これは人間の本能，本質的欲求のひとつなのである。ある意味では当然のことだ。

　こういう個々の人間のもっている基本的欲求と，国民の60％近い人たちが宿泊旅行をしている現実とを重ね合わせると当然，「マス（大衆化）」の問題になってくる。観光旅行が個々人の問題であると同時に，社会的な問題にもなってくるということだ。例えば，ゴールデンウィークに全国からどーっとディズニーランドに人々が訪れる。そうすると，ディズニーランド自身の混雑などの問題は当然として，周辺の交通の問題にもなってくるし，周辺住民の生活にも影響してくる。このようにひとりの人間の旅行，生活欲求である旅行が「マス」になっていろいろなところに影響を及ぼしてくる。これが今日の観光問題のひとつである。つまり，大衆化，大量化時代の観光であり，リゾートの問題だと。

　この観光旅行の発生要因は，時間（余暇時間）とお金，それから心ないし意識……旅行がしたいという心，あそこに行ってみたいという意識の3つである。行ってみたいけれどお金がない場合もあるし，とりあえずお金の問題はクリアできたけれど時間がないとか，時間もお金もできたけど，さてどこへ……ということだ。

　まず余暇という時間の問題。これまで「余暇」という言葉は，労働に対する余暇，労働時間や生活必需時間に対して余った時間という意味で使われていた。つまり，意識するか否かは別にして，どちらかというと，働くこと，労働に価

値をおいている。働くことが大事で，価値があると。これに対して余暇という言葉を自由時間，自分の自由になる時間，自分が自由に使える時間と捉え，われわれ人間にとってこの時間こそが大事だという考え方が一般的になってくる。要するに労働時間の短縮，週8時間労働とか，週休2日制であるとかあるいは長期休暇制度の要求は，自分たち一人ひとりの自由になる時間，この自由時間の要求だと。学生の場合は，毎日，毎日が自由時間みたいなものではあるが，学校で勉強することは労働時間ではないが，拘束された時間ということで自由時間ではないかもしれない。この自由時間には，毎日の自由時間から週末のそれ，そして夏休みや冬休みというまとまった自由時間，さらに人生65歳を過ぎると，普通のサラリーマンの場合皆リタイアするから，そうすると人生丸ごと自由時間。こういうさまざまな自由時間に対応してそれぞれ個人個人の自由時間活動が存在する。そしてそれぞれの自由時間活動の中で観光活動が重要な位置を占めていることは前述したとおりである。

(2) 観光の需給構造

　この観光活動は，大きく分類すると3つのタイプに分けられる。ひとつは，美しいもの，めずらしいもの，日本一や世界一を見たり，今まで行ったことのないところへ行ってみるとか，いわゆる狭い意味の観光旅行（サイトシーイング）。2つめはスキーであるとか，スキューバーダイビング，ゴルフやテニスなどのスポーツレクリエーション旅行。そして3つ目は保養・休養型。この典型的なタイプが夏の暑い時には涼しいところに行って，別荘生活をする，いわゆる避暑という活動，あるいは寒い時に暖かいところにいく避寒型の保養である。ポイントはそこで普段と違う生活をするということ。この活動タイプをリゾートといったり，滞在型観光あるいはロングステイという言い方もする。交通手段も，観光旅行は周遊型で移動そのものが楽しく旅行目的のひとつであるのに対して，スポーツ，リゾートタイプはピストン型，早く目的地に着いてゆっくり時間を過ごす。あるいは，観光旅行の宿泊施設に対して，リゾートや

滞在型観光の場合，別荘やコンドミニアム，セカンドハウスというタイプもあり，総称して滞在居住施設という言い方をする。

　最初のタイプの観光旅行に対応するのが，観光資源・観光対象である。自然系と人文系に大別できる観光資源には，例えば，屋久島や上高地，奈良や京都，飛騨の高山や金沢などがある。あるいはクラッシックなリゾートホテルや和風旅館などの宿泊施設も「あのホテルに泊ってみたい」という意味で観光対象になるわけだ。さらにディズニーランドやハウステンボスなどの人間が知恵とお金でつくりだせるものもある。これに対して前述した屋久島，上高地や飛騨の高山，あるいは大雪山や京都は，人間に知恵やお金があっても現在つくりだすことはできない。京都をつくろうったって京都なんかできない。あるいは上高地だってそうである。こういう長い自然や歴史に培われて人間を超えて存在する"もの"に観光的に高い価値がある。

　そして大事なことは，お金をつかって人間はさまざまな観光旅行を楽しむけれども，その見返りや効果はお金で計ることはできないということ。今度の旅行はとっても良かった，感動した，上高地の風景はすばらしかった……あるいは，あそこはつまらなかったという場合もあるが，いずれも人それぞれの心の問題になるわけである。前述した人間の心や意識の範中になるのだ。

　この観光する人間（観光客）と観光資源（対象）の関係に対して，観光資源に関わる供給側に立つ人や組織が存在する。多くの場合，ただ観光資源や観光対象が存在するだけでは観光活動は成り立たない。そこに道路を整備したり，あるいはバスを走らせたり，レストハウス，宿泊施設を建設運営し，サービスする人たちが存在する。つまり，観光活動をバックアップする役割を任う人たちがさまざまな場面で欠かせないのだ。もう少し広い範囲で考えると，観光対象を中心に観光地，観光地域という言い方をし，地域の概念が入ってくる。そうすると，ある地域には観光対象の存在と同時にそこで生活している人々が居ることになる。地域開発，地域振興，地域住民などという言葉を聞いたことがあるだろう。この観光をする人間つまり観光主体に対して観光資源や観光対象

が存在し，そして観光旅行をバックアップする，供給する人や組織が存在する。さらに地域で生活している人たちもいる。ある観光地を舞台にして展開されるこの複雑な関係を観光の需給構造という。

さて供給する側では，一般的に観光事業，観光開発事業などというが，ある事業にコストをかけて，ベネフィット（利益）を得ようとする。要するにコスト・アンド・ベネフィットの関係，コスト・パフォーマンスともいう。ところで，事業には公共的な事業から民間事業までいろいろある。さらに先程ふれたように地域住民という，地域で生活している人たちもいるわけである。そうすると自分たちの生活空間を観光客で荒らされては困るとか，生活ばかりでなく国民共有の大切な自然を破壊されても困る，あるいはスキー場をつくってくれ，ゴルフ場も必要だなどとさまざまな意見，考え方が出てくる。一方では観光する人，観光客の心に通じる，お金で計れない効果が期待されている一面と，他方，お金を投入して利益を得る，お金で計算される部分が必要になる。ある地域で観光事業を誰がどういう方法で，何の目的のために具体化するか，全体の土地利用や交通計画との関連をどうするか……。コンセプト・マスタープランの策定ということになるのだが，なかなかむずかしい複雑な問題を含んでいる。旅行，観光というひとりの人間のひとつの活動も「マス」になると社会問題になり観光地の側でもさまざまな観光現象が発生し，構造的に複雑になる。そこで「初めに人間ありき」という本質，原点，原論が大事になってくる。

少し話がむずかしくなってしまったかもしれないが，これは基本的なことなので，理解に努めていただきたい。

(3) 旅行と観光活動

もう一度整理しておこう。囲み部分で「観光の定義」を整理した。これが基本であり，出発点である。次に図表3-1を見ると，さまざまな自由時間活動の中での観光旅行の位置づけが示してある。図には「発展」と「回復」という縦軸。それから横軸には「精神」と「肉体」とある。これで人間と観光の関係

> 観光(活動)の定義
>
> 「観光とは,自己の自由時間(=余暇)の中で,鑑賞,知識,体験,活動・休養,参加,精神の鼓舞等,生活の変化を求める人間の基本的欲求を充足する行為(=レクリエーション)のうち,日常生活圏と離れて異なった自然や文化等の環境のもとで行おうとする一連の活動をいう。」(「観光の現代的意義とその方向」観光政策審議会答申,昭和45年9月)

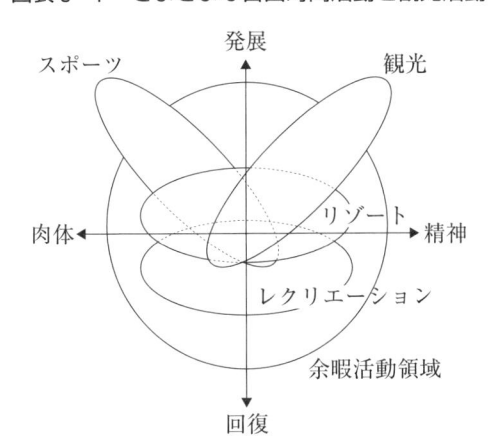

図表3-1 さまざまな自由時間活動と観光活動

出所)鈴木忠義他『余暇社会の旅』(財)日本交通公社編,1974年

だけでなく,スポーツあるいはリゾートやレクリエーションを説明している。レクリエーションという言葉は,失ったものを回復するという意味がある。これに対して観光という活動は,人間の心,精神的なものを含めてもっと積極的に発展させるというか,向上心が含まれる。「観光」の言葉の意味は「国の光を見る」ということだが,ご存じだったろうか? 筆者が所属していた財団法人日本交通公社調査部の30人近いスタッフで書いた『観光読本』という観光にかかわる初級者を対象にした本がある。そこにより詳しく解り易く書いてある。ぜひ関心のある方は買って読んでいただきたい。

囲み部分では，観光の定義について，自己の自由時間＝余暇時間の中で云々と書いてある。大事なことは普段生活しているところ，これを日常生活圏というが，この日常生活圏を離れて，ある移動を伴って，観光対象に接近する。そこでは普段と違う行動，活動や生活をする。普段と違う生活は，文字通り，通勤して働いてという日常と違うという意味だ。例えば，1週間保養，休養を目的にリゾートライフを楽しむのは，普段の生活と違う。同じ自由時間活動の中でも，例えば，読書をするとか，マージャンをする，あるいはパチンコやカラオケなどいろいろな活動がある。

　要するに，同じ自由時間活動でも観光旅行は，アウトドアであり，移動を伴う自由時間活動なのである。どのくらい移動するかは，旅行目的や交通手段によって違う。船，鉄道，そして車と飛行機の時代と移動の範囲はダイナミックに変わってきている。

　このことが図表3-2に整理されている。これは立教大学の溝尾先生が考え，整理してくれた。その左側から見ると旅行，TOURISMとあり，それが業務，訪問，観光旅行，リゾート，レクリエーションまでひとくくり。その下にその他レクリエーション（OTHER RECREATION）。移動と非移動によって大別される。さらに右側の方にはビジネス，業務に対して余暇，自由時間活動。つまり，初めに述べたように，観光旅行に代表される，自分の時間に，自分のお金で旅行する，個人の自由時間活動に分類される旅行と，会社のお金で行く業務時間中の旅行，出張・業務旅行，コンベンションや会議のための旅行，それにきわめて日本的な，例えば，ゴルフなどの接待旅行などさまざまなタイプが存在する。

　大事なことは，例えば，JTBなどの旅行業が扱っている旅行は，前者の自由時間活動に分類される観光旅行とともに，後者のビジネス業務旅行も対象にしていることだ。要するに企業の営利目的になりそうな旅行は全てビジネスの対象にしようとする。ところが一般的にいう旅行は，観光旅行，上述した業務旅行ではなくて自由時間活動，自分の時間に自分のお金で旅行するタイプをいう

図表3-2　旅行・観光・リゾート・レクリエーション・
　　　　 余暇（レジャー）の概念

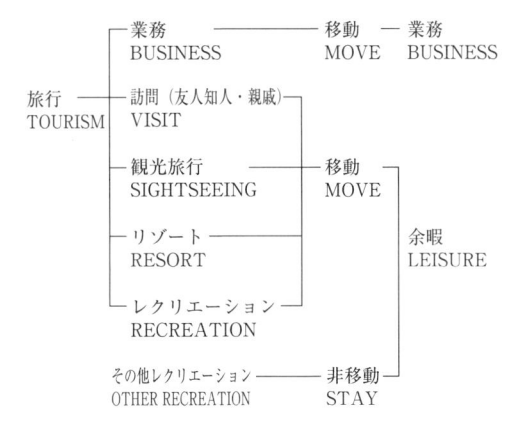

```
                    ┌ 業務　　　　　　── 移動 ─ 業務
                    │ BUSINESS            MOVE   BUSINESS
                    │
                    │ 訪問（友人知人・親戚）
         旅行       │ VISIT
         TOURISM    │ 観光旅行　　　　┐ 移動
                    │ SIGHTSEEING     │ MOVE
                    │ リゾート        │         ┐ 余暇
                    │ RESORT          │         │ LEISURE
                    │ レクリエーション│         │
                    │ RECREATION      ┘         │
                    │ その他レクリエーション ── 非移動
                      OTHER RECREATION          STAY
```

出所）溝尾良隆「『観光』の定義をめぐって」『応用社会学研究』35号，立教大学社会学部，1993年

わけである。もちろん，お金をかけない旅行も盛んである。すでに述べたように，ここでは自由時間活動としての観光活動とりわけ観光旅行に焦点を当てる。

2. 旅行産業の規模と特徴

　バブル経済とかバブル経済が破綻したということは耳にしたことがあるだろう。さらに，不況とか景気が後退しているなどはどうだろう。現在，一部の産業，企業に明るさはみえてきたとはいえ，日本の経済は低迷，混迷状況にある。これからよくなる条件も差し当たり見当たらない。旅行産業，観光産業においても，旅行業や旅館業も全体としてきびしい状況に直面している。不況になり，個々の企業の経営状況が厳しくなってくると，例えば出張旅行は控え，営業・販売上の旅行なども最小限にしぼられてくる。一般に経営が苦しくなると広告費や出張旅費を極端に押さえる。それが旅行産業，特に旅行業などに直接影響する。しかしながらこの不況の中でも，自分の時間に，自分のお金で旅行して

図表 3-3　宿泊観光レクリエーションの推移

①宿泊観光レクリエーション参加率

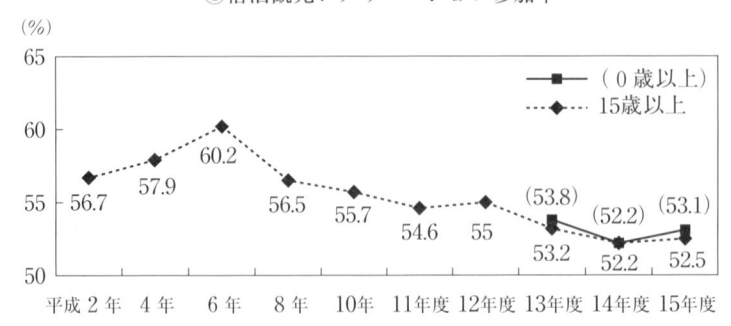

(%)

	（0歳以上）	15歳以上
平成2年		56.7
4年		57.9
6年		60.2
8年		56.5
10年		55.7
11年度		54.6
12年度		55
13年度	53.2	(53.8)
14年度	52.2	(52.2)
15年度	52.5	(53.1)

②宿泊観光レクリエーション参加回数（全体平均）

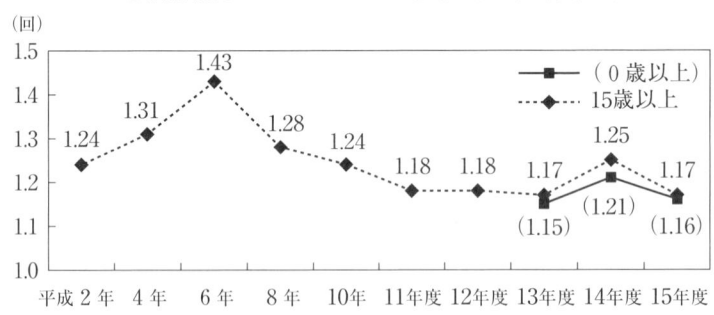

(回)

	（0歳以上）	15歳以上
平成2年		1.24
4年		1.31
6年		1.43
8年		1.28
10年		1.24
11年度		1.18
12年度		1.18
13年度	(1.15)	1.17
14年度	(1.21)	1.25
15年度	(1.16)	1.17

③宿泊観光レクリエーション参加回数（参加者平均）

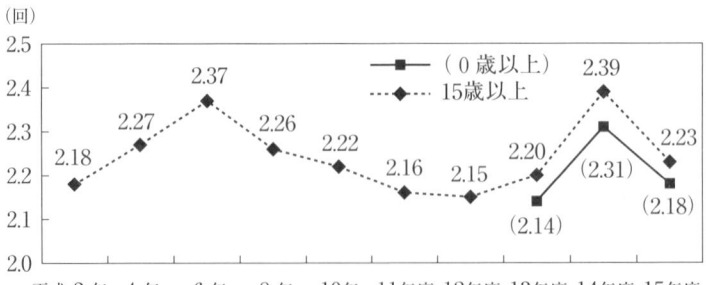

(回)

	（0歳以上）	15歳以上
平成2年		2.18
4年		2.27
6年		2.37
8年		2.26
10年		2.22
11年度		2.16
12年度		2.15
13年度	(2.14)	2.20
14年度	(2.31)	2.39
15年度	(2.18)	2.23

出所）『観光の実態と志向（平成16年度版）』(社)日本観光協会，2004年

図表3-4　訪日外客・海外旅行者数と為替レートの推移

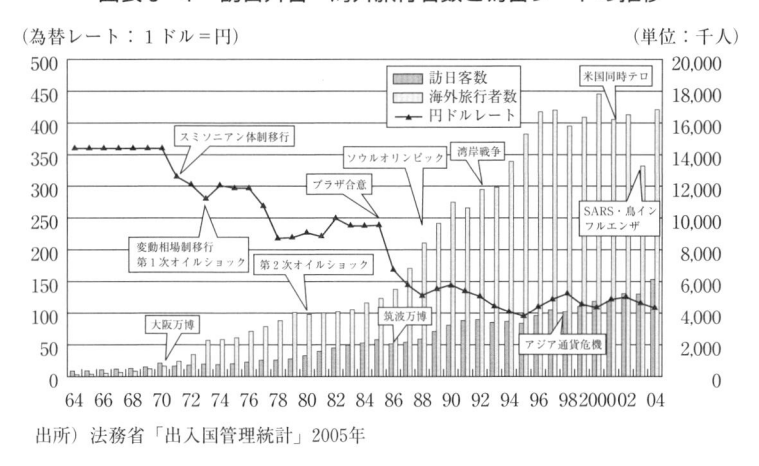

(為替レート：1ドル＝円)　　　　　　　　　　　　(単位：千人)

凡例：訪日客数／海外旅行者数／円ドルレート

注記（グラフ内）：スミソニアン体制移行、プラザ合意、ソウルオリンピック、湾岸戦争、米国同時テロ、SARS・鳥インフルエンザ、変動相場制移行、第1次オイルショック、第2次オイルショック、大阪万博、筑波万博、アジア通貨危機

横軸：64 66 68 70 72 74 76 78 80 82 84 86 88 90 92 94 96 98 2000 02 04

出所）法務省「出入国管理統計」2005年

いる人たちは，もちろんお金の使い方は変ってきてはいるが，旅行を減らしていない。こういう現象を踏まえて，われわれ日本人の観光活動は，生活の中に定着してきたという言い方をする。つまり，「衣食住」，着るもの，食べるもの，それから住むところに，プラス，旅行を加えて，国民の生活の中に定着したという言い方をしているわけだ。生活の中で観光活動が特別な行事ではなくなったと。

(1) 国内宿泊旅行と海外旅行

そのことが，図表3-3，図表3-4に国民の観光旅行の現状ということで示してある。図表3-3では，旅行の参加率，それから旅行の回数（この数字は15歳以上の国民の宿泊を伴う旅行，つまり日帰り旅行に対して，宿泊を伴う旅行の平成2(1990)年以降の経年変化）が示されている。

この調査が始まったのは昭和39(1964)年だが，当初は18歳以上を対象とし，参加率は50％程度。その後，60％台が続き，昭和63(1988)年には70％近くになった。その後，調査対象は15歳以上に改められたが，国民の70％が宿泊を伴う旅行していることは，旅行の嫌いな人，旅行ができない人，旅行をしたくて

第3章　国民の観光旅行と観光産業　53

もできない人も含めて考えると，驚異的な数字であり，調査の方法自体も議論された。もちろん1回だけ旅行する人と5回旅行する人などいろいろあるわけだし，参加率は必ずしも旅行経験した人とは違う。ここ10年は50〜55％台である。

さらに旅行回数をみると，参加者平均と全体平均では当然ちがってくる。先にもふれた業務旅行，そして家庭訪問や帰省などを含めた全旅行と，それに観光旅行を加えたものを示した図なのである。

図表3-4は，海外旅行者の数字である。昭和50年，51年（1975，76年）頃は，200万人を越えた程度だった。現在はお金と時間さえあればいつでも海外旅行に行くことができる。ところが，もう少し前，40年程前は，海外旅行に行く場合には国の許可を取らないと，誰でも自由に海外旅行ができない，そういう時代だった。昭和39（1964）年に海外旅行が自由化されて，ようやく誰でも自由に海外旅行ができるようになった。この年に海外旅行をした人は10万人ぐらい。この頃は，時間はあっても，1ドル360円の時代なのでそんな海外旅行にいくお金を準備できる余裕はなく，普通の日本人にとって海外旅行は未だ夢の夢という感じだったのである。

それが今では，1,700万人近い人が海外旅行をしている。もうすぐ2,000万人になるだろう。今や，海外旅行は，例えば，北海道に行こうか，サイパンにしようか，やっぱりハワイに行こうという感覚なのである。種子島や屋久島には行ったことがなくてもハワイやオーストラリアに行ったことがある人がたくさんいるわけだ。読者の中で屋久島か種子島へ行ったことがある人はどのくらいいるだろうか？　あるいはハワイ，グアム，サイパン，オーストラリアはどうだろうか。日本の代表的観光地は知らなくても，パリやハワイへ行ったことのある人が沢山いる。そういう時代なのだ。

昭和45（1970）年には大阪で万国博覧会が開催された。大阪の千里ニュータウンで国際的一大イベント，世界の国々が参画してお祭りが開催された。6ヵ月の期間中に全国から日本人の半分ぐらいの人たちが，集まって来て，大変な

ぎわいを呈した。その後，博覧会ブームが起こった。その前年の昭和44(1969)年にジャンボジェット機が就航した。400人乗りの文字どおりジャンボ，ジャンボジェット機の就航は画期的であった。われわれも，羽田空港で初めてジャンボジェット機を見学した時には，あの二階建ての大型飛行機がどうやって空を飛ぶんだろうという感じだった。まさに航空交通革命である。船の時代から鉄道へ，そして車と飛行機，この移動手段のダイナミックな変化が，地球を狭くし，人々の旅行を促進させたことはいまさらいうまでもない。その象徴のひとつがこのジャンボジェット機であった。そのスピードだけではなくて，大量の人を運ぶ，このことが大幅な航空料金のダウンにつながったのだ。そしてそれが海外旅行の大衆化に直結したことは紛れもない事実である。

　量的にはこれまでみてきたように1,700万近い人が海外旅行をし，国民の60％近い人々が国内で宿泊を伴う旅行をしている。それでは質的な面はどうかというと，これまでの団体旅行に対して個人あるいは家族の旅行が主流を占め，車で旅行するスタイルが一般的になる。恐らく，現代の若者は，物心ついてからの旅行の想い出は，大体マイカーで，お父さんの運転でお母さんと一緒にというパターンだろうと推察できる。鉄道を利用して家族旅行をした体験がある若者はいるだろうか？　彼らは，生まれて気がついた時には日常生活の中に車が存在していた。いわば「車社会の申し子」といえるわけである。歩くことと自転車が中心の鉄道の時代，自動車に憧れて育ったわれわれの世代とは全く違う。まさに，マイカーで家族一緒に夏休みに2，3泊程度の旅行をする，これが現在の日本人の旅行のひとつの典型的パターンに定着した。

　その前はどういう旅行をしていたかというと，職場や地域やその他でいろいろではあるが，単位は団体で，秋の紅葉の頃に温泉観光地に行って，一杯飲んでという旅行。したがって，もちろん，男性中心である。交通手段は鉄道とバスだ。

　つまり，団体旅行から個人・グループの旅行に変わってきたのだ。自分のポケットマネーで自分の時間に旅行する，本来の姿になりつつあるともいえる。

同時に上述したように海外旅行も国内旅行と同じ感覚で国民の生活の中に定着してきたといえるだろう。夏の家族旅行の受皿のひとつである海水浴場は，例えば，瀬戸内海や白浜あるいは沖縄が，ハワイやグァム，サイパンと競争している時代が現代なのである。

　今，ハワイにどのぐらいの日本人が旅行しているかというと約200万人である。平均すると現地で大体4～5泊している。そうすると約1,000万人泊になる。箱根や熱海あるいは別府という日本の代表的な宿泊観光地では大体1人1泊で400万人泊から500万人泊なのでハワイの200万人，1,000万人泊の意味が理解できるはずだ。さらに大事なことはリピーター，くり返し訪れる人が多いこと。同じホテルやコンドミニアムに滞在居住している観光客が多いことも注目しなければならないだろう。

　このように爆発的に大量で多様な旅行者が発生し，増えてくると，供給する側でもこれを産業化することを積極的に具体化するようになる。地域経済として成り立つ可能性がでてくるわけである。つまり個々の事業単位でも地域としてもコストをかけてベネフィットを得るという関係が成り立ってくる。これがまさに観光産業である。

(2) 旅行消費と経済波及効果

　旅行消費から捉えた産業規模を具体的に数字で示したものが図表3-5，3-6である。2002年では旅行総消費額は国内宿泊旅行が12.5兆円，海外旅行（海外消費分）が4兆4,000億円である。国内の関連総消費額だと19.7兆円。波及効果まで含めると21.3兆円にもなり，この数字は，家電産業，冷蔵庫やテレビなどの弱電産業規模よりも大きいということがわかってきた。ただ，この観光産業は，旅行消費からわかるように，宿泊産業，交通運輸業，それからわれわれが禄を食んでる旅行業，そして地域のお土産屋も，場合によってはカメラやフィルムの一部，その他の地場産業も含めたもので，まさに地域総合産業ともいえるわけである。

図表3-5　わが国のツーリズム市場

2002年のわが国ツーリズム消費額は，21.3兆円（01年比1.4％増）。その内訳は，国内市場が19.7兆円（内宿泊旅行12.5兆円，日帰り旅行5.3兆円，海外旅行の国内消費分が1.9兆円），訪日外客市場が1.6兆円となっており，訪日外客消費の比率は7.5％に留まっている。全てのツーリズム消費に対応するツーリズム産業の付加価値は10.5兆円（WTOが規定する観光特有産業と観光関連産業の付加価値は8.3兆円）となっている。

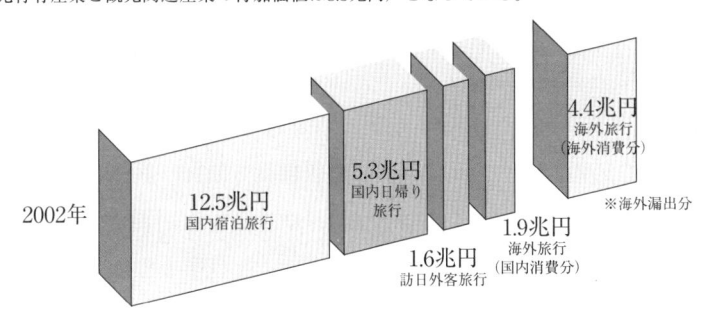

2002年
- 12.5兆円　国内宿泊旅行
- 5.3兆円　国内日帰り旅行
- 1.6兆円　訪日外客旅行
- 1.9兆円　海外旅行（国内消費分）
- 4.4兆円　海外旅行（海外消費分）

※海外漏出分

注）
1. ツーリズム消費21.3兆円の生産波及効果は49.4兆円，付加価値効果は26.1兆円に上る。
2. 雇用効果は398万人，税収効果は4.5兆円となった。
3. 国内宿泊旅行が微増となったことと訪日外客の順調な伸びから，経済効果はやや増加している。

図表3-6　経済波及効果

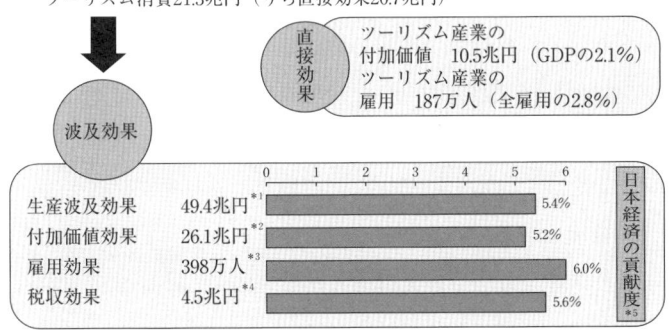

ツーリズム消費21.3兆円（うち直接効果20.7兆円）

直接効果：ツーリズム産業の付加価値　10.5兆円（GDPの2.1％）　ツーリズム産業の雇用　187万人（全雇用の2.8％）

波及効果（日本経済の貢献度*5）：
- 生産波及効果　49.4兆円*1　5.4％
- 付加価値効果　26.1兆円*2　5.2％
- 雇用効果　398万人*3　6.0％
- 税収効果　4.5兆円*4　5.6％

注）
1. 2001年延長表（経済産業省）における国内生産額920兆円に対応
2. 国民経済計算における2002年国内総生産500兆円に対応（2002年）
3. 国民経済計算における2001年就業者数6,622万人に対応（2001年）
4. 2002年度国税収入決算額と地方税収入額の合計80兆円に対応
5. ここでいう「貢献度」とは，「全産業に占める比率」

出所）図表3-5，3-6共に，国土交通省総合政策観光部監修，㈶日本交通公社編『21世紀のリーディング産業へ』㈳日本ツーリズム産業団体連合会，2003年

(3) 観光産業の特徴

観光産業の特徴は，まずもって観光客の移動がベースになる。観光地はとにかく，観光客に来てもらえないと事ははじまらない。この意味で，いわゆる製造業などの2次産業や1次産業と違うことが理解できるだろう。この点については後述するが，前にもふれたように人の心を満足させる産業である。芸術・文化産業に似ている部分もある。

ところで「PLAN・DO・SEE」という言葉はご存じだろうか？ つまり，旅行は3回楽しめるという意味である。旅行に行く前に，旅行計画をたてる。「今度のヨーロッパ旅行はロンドンから入って，パリに行って，パリはもう行ったことあるから，今度はミラノにしようか」と地図を広げたり，時刻表をみたり，そういうプランをつくる楽しみ。それから実際旅行をして本物を見る，現場に立つ楽しみ。思わぬハプニングに出会ったりまさに旅行をしている臨場感。最後は「SEE」。懐古するという意味であり，旅を振り返る，想い出づくり。現地で手に入れたパンフレットや絵はがきを整理したり，写真やビデオを見直したり，一緒に行った人たち同士で楽しむこともある。ひとりでも旅行をメモしたり，ドキュメントを見直したり，気のきいた人だったら，旅行記を書いたりする。要するに旅行は3回楽しめるというわけだ。

このプランの部分が旅行業の大事な役割のひとつである。この楽しみを取り上げてしまった旅行業はけしからんという人もいるが，旅行する人みんながみんな旅行プランをつくれるものでもない。現実に旅行業が存在しているということは社会的意味をもっているということでもある。今日の大事なテーマのひとつである旅行業がどういう産業であり，具体的にどういう企業が社会的に機能しているかについては最後に述べよう。

その前にもう少し，観光産業の話を続ける。第1次産業や第2次産業という言葉は知っているはずだ。普通は中学校で習うことになっている。第3次産業，サービス産業のサービスの概念は幅広く，必ずしも解り易いわけではない。が大事なことは，第1次産業にしても，第2次産業にしても「モノ」を生産して，

それを流通を通して消費者に送り届けて利益を得る，こういう産業構造だということだ。だから良質な「モノ」をつくるとか，大量に生産するとか消費者に近いところで生産できればその方が安上りだとか，多少遠くても安くできる方がベターだとかいう話がでてくる。

　ところがサービス産業の中のこの旅行産業，観光産業は，心の満足とかサービスを売るとか必ずしも「モノ」を売るわけではない。特に宿泊産業に代表される観光地の側からみると観光客に来てもらわなければ成り立たない。ある地域に，観光客に来ていただいてお金と時間を消費していただく，こういう構図だ。同じ産業でも全く違うことがイメージできるだろう。その意味で，観光産業を集客産業という人もでてくる。ある観光地でお金と時間を消費していただく，そうすると地域外からどうやって人に来ていただくか，来た方々にどうやって時間を過ごしてもらうかということが大事になってくるわけだ。

　例えば，10時頃から昼食をはさんで夕方5時頃まで楽しく時間が消費できると泊まりという行為が可能になる。半日なら昼食，2時間ならば，コーヒーが飲みたくなる，食事がしたくなる。20分ぐらいで「ハイ次‼」ではトイレとゴミだけで終ってしまうかもしれない。ぶらっとのんびりしている時間も含めていかに時間を消費させるかということはあんがい難しく，大変なことなのだ。夜の演出や，早朝ならではの見どころ，イベント，あるいは泊ってみたくなる魅力的な宿の存在などさまざまな条件が必要である。マイカーで，次に行こう，次に行こうで，次，次といっているうちにわが家に帰ってきてしまう旅行もでてくるわけだ。もっともドライブ自体を楽しむという旅行もある。

　もうひとつ大事なことは，お金を消費していただく，お金を消費させるということである。お金を使う対象があるかどうか。買いたい「サービス」や「モノ」があるかどうか。神戸に来るといろいろ買いたい「モノ」がある。それはファッションであったり，お菓子であったり，多種多様いろいろだ。だが，温泉観光地に行って，お金はたくさんはもっていなくても，適当にもって買物を楽しみにしているお客様に対して，温泉饅頭しか買う「モノ」がないじゃない

かと，こういう話になるわけだ。

　神戸が出たところで「日本最大の観光地はどこですか？」の問いに正確に答えられる方がどのくらいいるか。わが国最大の観光地は，やっぱり東京なのである。それは先にも述べたように，都市・都会の魅力だ。神戸もそうだが，来訪者の五感を刺激し「見たい」もの「食べたい」もの「買いたい」ものが多種多様に存在し，時間がいくらあってもあり過ぎることがないからである。パリ，ロンドン，ローマ，ニューヨーク，世界的にみてもそうである。

　それゆえに都市の時代の現在，都市観光とかアーバンツーリズムという言い方が一般化してきている。都市観光の時代ともいわれる。もちろん，行き過ぎた都市化の反動として"田舎"が注目されているという一面もあるし，国立公園に代表される自然系の観光資源への根強い志向は当然ある。あるいは都市観光も先に述べた大都市ばかりではない。例えば，飛騨の高山はご存知だろうか？　機会があったらぜひ行ってみてほしい。とてもいいところだ。小京都ともいわれる城下町である。何が魅力かというと，車に煩されずに，時速４キロの自分の足で歩いて楽しめる「まち」なのだ。歩くといろいろな"こと"が発見できるし，"モノ"も"ヒト"も見えてくる。人間の五感を刺激する。高山は思わず歩いてみたくなる観光地なのだ。倉敷へはどうだろうか？　堀割と白壁のオールド倉敷。城下町ではないが，オールド倉敷も，行ってみると思わず歩きたくなるし，実際歩いてみると楽しいところだ。ウィンドーショッピングをしたり，博物館や美術館をのぞいたり，１時間も歩くと喉も乾いてくるし，疲れもする。ちょっとコーヒーやお茶を飲みたくなる。みたらしダンゴも食べてみたい。同じ時間とお金を消費するのでも，パチンコとコンビニではどこに行っても同じだし，面白くない。観光客にも喜ばれる良質な消費地の意味を少し考えてみてほしい。

　皆さんの故郷，生まれてから18歳まで育ったところを想い出してほしい。住んでいたあなた方が自慢できるところだろうか。初めて訪れた観光客が楽しめるところだろうか。歩いてみたくなるところがあるか。良質な消費地といえる

か。大事なことは，観光産業の出発点が観光資源の発見，言い換えると地域のお宝捜しとそれらの評価にあることを理解することである。お祭やイベントで，ある時に地域外から沢山の人がドーッと訪れても，あとは閑古鳥では困るのだ。これでは地域の産業にはならない。目標は観光客が年間平均的に来てくれることである。例えば，500室のホテルはツインベースで日1,000人しか泊まれない。だからある日1万人の来訪者があっても1,000人しか泊まれない。逆に1,000人が毎月，毎日来てくれればこんなハッピーなことはない。現実にはそんなことはないのだが，そういう季節や曜日の変動によって，いちじるしく変わる産業なのである。オンとかオフあるいはショールダーという言い方を聞いたことがあるはずだ。一般的にいわれる製造業とは大分違う。売れるからドンドン生産，製造するというわけにはいかない。この観光産業は，前述したように，地域外から人が来てくれないと成り立たない。そこでどうやって人に来てもらうか，来た人にどうして時間を過ごしてもらうかに知恵を絞ることになる。

　従来の第1次産業や第2次産業と同じように，こうした産業が，第3次産業＝広い意味でのサービス産業としてわが国でも大事になってきている。実際，ここ30年ぐらいの日本の産業構造は大きく変化してきている。そして第3次産業＝サービス産業の中でも観光産業は非常に大事な役割を担っている。

3. 旅行業という産業

(1) JTBの歩んできた道

　さて，旅行業である。旅行業は，今，就職先としても人気があるが，一体どういう業種か。おもしろい商売のようだが，どういう仕組みで成り立っているのか。Japan Tourist Bureau：JTB（株式会社ジェイティービー）は，明治の終わり，今から約95年前，1911(明治45)年に政府の肝煎でできた組織である。現在，1万人弱の人間が働き，1兆3,400億円の取扱高である。もちろん，世界最大の旅行会社である。

旅行業は，JTBのような1万人規模の企業から，電話1本で成りたっている町の旅行屋さんまで非常に幅が広い。だからといって，お金と知識があるからある日突然，旅行業ができるわけではない。旅行業法という法律があり，この法律に基づいて旅行を取り扱う旅行取扱主任がいなければならない。そして旅行取扱主任は国家試験に合格する必要があるのだ。不動産業もそうだが，三菱地所や三井不動産といった世界に冠たる企業から町の不動産屋までいろいろ存在するように，旅行業もさまざまである。

　JTBの場合は，海外からのお客様の受け入れと日本国有鉄道（JRの全身）の切符の代買業から出発した。今のJRの前身は国鉄，日本国有鉄道といい，その前，戦前は鉄道省である。その鉄道の切符を駅の他にJTBの店では買えますよというわけだ。逆にいうと，この国鉄の切符の売買はJTBだけにやらせるということ。ある種の利権商売かもしれない。そういうことも含めて国の外郭団体，公益法人が出発点である。同時に，旅行をするのに必要な宿屋の斡旋もいたしますと……。海外からの来訪者の斡旋もますます大事な仕事になってくる。日本人の海外旅行はまだまだ商売にならない時代だった。団体旅行がスムーズに楽しく完了するまでには事前の準備も含めて大変だ。こういうように旅行に関する「ノウハウ」を積み重ねて交通運輸業と宿泊業を組み合せ，それぞれの地域の眠っている観光資源を観光対象化し，セット旅行として商品化する。旅行業は時代のニーズを先取りして旅行先（ディスティネーション）を見つけだし，旅行をひとつの商品として開発し，同時に販売する。消費者にアピールする旅行商品を研究開発し，徹底的に販売する。その実績によって，例えば，航空座席やホテル客室を安く大量に仕入れて，これらを組み合わせて商品化しリーズナブルな料金で消費者に提供する。

　そしてJTBは，海外旅行が自由化されるとともに，昭和39（1964）年には，これまでの公益法人から商法に基づく株式会社に衣更えした。飛行機の座席とホテルの組み合せが「セット旅行」から法律に基づいて「パッケージツアー」といわれるようになった。20年ぐらい前からである。「ルックJTB」はご存じだ

ろうか？　名前ぐらいは憶えていただきたい。JTBの海外旅行商品ブランド「ルック」。国内旅行は「エース」である。こうしてパッケージツアーが普及してくると、旅行の最盛時期、いわゆるオンシーズン、ピーク時には旅行会社と鉄道、飛行機会社、それにホテル・旅館が一体となり、エンドユーザーが個別にそれぞれを買うのが難しくなったりして、時々問題になる。

　もうひとつは、地域、地方と一緒になって行う「ディスティネーションキャンペーン」である。例えば、九州を売る、南九州や北陸を集中的に売る。鉄道・運輸会社やホテル・旅館と一緒になって、あるいは自治体等もまき込んで広告・宣伝し、徹底集中的に地域を売る。大分昔のことだが、「仙台の七夕祭り」、青森の「ねぶた祭り」そして「秋田の竿灯まつり」など東北の代表的おまつりを1回の旅行で体験できるように「東北三大まつり」として売り出したのも旅行会社のJTBと当時の国鉄である。「山形の花笠まつり」を加えて「東北四大まつり」となり、今でも続いている、いわばヒット商品だ。新たに「杜の賑わい」という地域の伝統芸能を旅行商品として世の中にアピールすることもはじめている。繰り返しになるが、第2次産業の代表である製造業の場合は、「モノ」を開発、製造して売る。「モノ」は、"在庫"が可能である。サービス産業の場合でも、ホテル、旅館や鉄道、飛行機の客室や座席など「ハード」を売るわけだが、ストックがきかない。今日売れなければ永遠に売れないことになるのである。

(2)　旅行業の特徴

　これに対して旅行業は、無手勝流である。自前の「モノ」や「ハード」はなにももっていない。そういう中で「旅行」を売るわけであるから、最終消費者の動向・志向を分析・把握し、彼等にアピールする「旅行」を開発"商品化"しなければ成り立たない。それだけではなく商品は売れなければならない。だから、ある意味ではまさにエージェントであるし、情報産業でもあるし、強力な販売会社でなければならない。ソフト産業、非常に特異な産業といえるかも

しれない。サービス産業の中でも，ソフトを売る企業ということは，良質なソフト，つまり感性，感度のいい人間が財産になるということでもある。

　良質な旅行を開発するためには，お年寄りが望んでいる旅行，若い人の旅行あるいは家族のための旅行を具体的に考え出さなければならない。きわめて"ソフト"である旅行会社を飛行機会社も鉄道会社ももっている。独自に旅行商品を開発し，販売している。そういう中で，旅行業が旅行業として生きていくためには，全方位に高いアンテナを張って，消費者の志向をキャッチし，効率よく商品化しなければならない。常に誰がどのくらいお金を払ってくれるのかに注目していかなければ，すぐに置いてきぼりをくってしまうだろう。非常に人間くさい産業だともいえる。

　JTBという旅行会社は旅行業が本業であるから，先に述べた「PLAN・DO・SEE」を商品化することを常に意識している。情報提供という意味でいえば，ガイドブックや旅行記など旅行に関する出版事業も盛んである。あるいは，旅行に必要なカバンから化粧品まであらゆる旅行関連商品を扱う会社とか，旅行のための保険会社など，旅行にまつわるさまざまなソフト，ハードの企業化に知恵をしぼっている。企業努力も当然である。単純にパッケージツアーを売っているだけではない。

　その旅行業が，冒頭で述べたように，今，若い人たちに非常に関心をもたれている。就職希望企業としても注目されている。将来，JTBが世の中で生き残れるかどうかは解らないが，おそらく人間の観光活動，観光旅行は永遠である。みてきたようにお金と時間に余裕が出てくれば，観光活動は人間の本質的な生活欲求そのものであるから，ますます盛んになるだろう。そういう分野に何らかの形でコミットしたい，関わっていきたいと思うのはある意味で当然である。何よりも消費者の旅行のお手伝いをすることは，対象が人間なのだから，人間の喜怒哀楽を直接感じることができるわけである。こういうことに興味のある人にとっては非常に面白いだろう。そのことでおそらく若い人たちに人気があるのだろう。もちろん手軽に海外旅行に行けそうだ……ということもあるだろ

う。また，男女の雇用問題ではJTBの場合でいえば，男女は全く同じ労働条件である。女性が数多く活躍している企業であり，そういう意味では最先端をいってる企業である。もちろんその分，非常に大変な面もあるだろう。

　そういう意味で，観光産業，あるいは旅行業は面白い分野であるし，これからのわれわれ人間の生活を考えた場合，まだまだ発展する産業である。注目をしてもらう価値はあるだろう。

4. 補　論

(1) インバウンドの現状と課題

　インバウンド，海外からの訪日観光客の受け入れに改めて本格的に取り組みはじめたのは，地方の観光関連企業経営者や知事たちである。1991年のバブル経済崩壊以降，観光事業に依る地方経済の活性化，地域振興を意図した彼らは，低迷する国内観光市場に変わる有望市場として香港，台湾，韓国の海外旅行志向に着目し，具体的誘致策に取り組んだ。大分県や福岡県あるいは中部・東海は連合で，青森，秋田，岩手の3県は「北東北」地域で観光振興を推進し始めた。北海道では「サッポロ雪まつり」に続く「冬・雪の北海道」を香港，台湾にアピールした。そしてそれぞれ一定の成果を挙げ始めていた。これら各地方・地域の具体的活動に呼応して政府では1996年4月に「ウェルカムプラン21（訪日観光交流倍増計画）」を策定し，具体的活動を開始した。これはおおむね2005年までの10年間に訪日外国人客を約2倍の700万人にしようとする政策である。実際に1996年に3,877千人の訪日外国人客数は2004年には6,138千人と1.5倍増している。特にアジアからは2,483千人から4,208千人，なかでも中国からは242千人から616千人と大幅に伸びている。注意すべきは訪日外国人客数の中で観光目的は2004年についていえば306万人，60％弱である。

　数の上では目標を達成しつつある外国人客誘致が当初掲げた「地域振興」や「草の根国際交流」あるいは「観光は平和のパスポート」などの質的目標の達

成にいかに寄与しているかの検証が今後問われることになるだろう。

(2) 観光産業と企業の現状

　他方，この10年の産業・企業の側の動向はどうか。一言でいえば旅館・ホテルからテーマパーク，スキー場など観光関連施設はすべて供給過剰であり，金融事情の激変により個々の企業の経営状況は「混迷，低迷」の域を脱しきれていない。旅館・ホテル業と旅行業を概観する。

　温泉旅館を中心に軒数，客室数とも大幅に減少しているのに比べ，都市ホテルが伸びている傾向は変わっていない。都市のホテルが外資との競争，業態の多様化など変化・変貌を遂げつつ増えていくのに対して温泉旅館の供給過剰状況は続くだろう。問題のひとつは，1万軒を上回る旅館が倒産廃業し，旅行業を含めた旅行産業全体が混迷・低迷していることが一般消費者，利用者，お客様にとっては全くといっていいほど影響がないことである。もちろん，働いている従業員，社員にとっては死活問題であり，地域振興，温泉観光地の再生などの視点からみれば看過できない問題であることは間違いない。企業再生，都市再生など"再生"は時代のキーワードである。誰がどういう目的で何を再生するのか。まちづくりやNPOの設立あるいは法人化などで解決できるわけではない。求められているのはそれぞれの分野，部門における人材，本当のプロフェッショナル，専門家なのである。

　旅行業は，新卒大学生の就職先としては依然として人気があるとはいえ，個々の企業は大企業から中小零細企業までインターネットに代表される情報改革，情報ツールの進化にいかに対応していくかで待ったなしの構造改革が迫られている。こうした状況の中で近畿日本ツーリストから分離独立したクラブツーリズムが顧客の囲い込み化，専門家が同行する旅行は高くつくけれども充実した面白く楽しい本来の"観光旅行"が期待され消費者から支持されている。他方，旅行業界の最大手のJTBが進めている持ち株会社と各地域会社に分社化する生き方は，首都圏に3,000万人と極端に偏ったマーケットの状況の中で

2006年にスタートする。それぞれその動向と成否が注目される。

(3) 良質な観光者と長期休暇の制度化

　最後に肝心要の旅行者，観光者の志向と実態についてふれておく。宿泊旅行の参加率，回数などに大きな変化はなく，日帰り旅行も盛んである。海外旅行も天災や人災によって一時的落ち込みはあるものの傾向としては右上がりである。たださまざまな方面から指摘されていることのひとつは若い人たちが観光活動，旅行をしなくなったのではないかということ。海外旅行もそうだが，スキーも若者から遠くなってしまって久しい。今や登山やハイキングなどとともに中高年の活動になっている。専門家の間では注目され，話題になっているエコツアーも国民の志向でみると4.5％，温泉旅行や周遊観光旅行の50～60％に比べてマイナーである。大勢を占めている温泉旅行や周遊観光旅行が時間的にもう少し余裕のある活動に変わってくれば，質的にも豊かになってくるだろう。ただ"質"の問題は個々人でみれば"満足度"の領域になり，他人がとやかくコメントすべき問題ではないという意見も出てくる。したがって，ここでの指摘は欧米先進諸国では生活の中ですでに定着して久しい長期休暇の制度化が何にも増して必要であることを強調しておきたい。もうひとつ，変化の兆しは，これまでの意識的にも実態的にも一億総中流化社会に二極分化の傾向が見え始めていることである。この現象をどう評価するか，旅行・観光の世界にどういう影響が出てくるのか，注視することが大事である。

参考文献
国土交通省編『平成16年度版　観光白書』国立印刷局，2004年
㈳日本観光協会編『観光の実態と志向』㈳日本観光協会，2004年
㈶日本交通公社編『旅行年報2005』㈶日本交通公社，2005年
㈶日本交通公社編『旅行者動向2005』㈶日本交通公社，2005年
㈶日本交通公社編『観光読本』東洋経済新報社，2004年

第2部

財務戦略と事業化計画

第4章

不動産証券化におけるホテル投資

元 シティグループバイスプレジデント　平　浩一郎

概　要

　バブル崩壊以降，約15年も値下がり続けた土地が，依然，全体としては下がり続けているものの，東京，名古屋，福岡等の主要都市の一部では底値をつき，反転の兆しを見せている。「不動産バブル再来」との声も一部マスコミにあるが果たしてそうであろうか？　不動産ファンド，REIT等の不動産投資プレイヤーや，収益還元法による値決手法の導入等，80年代後半には見られない不動産の証券化という考え方も登場してきており，当時の不動産バブルと単純比較するのは抵抗を禁じえない。本章は10年間ホテル等のデベロッパーに勤務した後，外資系投資銀行に勤め不動産証券化を担当している筆者の立場から，バブル期以降の約15年間について，不動産投資についての変遷，特にアセットクラスではホテルに着目して考察してみた。第1節ではバブル以降の不動産金融業界の誕生，成長までの過程について概説し，不動産証券化の事例をいくつか説明した。第2節はホテルに的を絞り，バブル以降のホテルビジネスの変遷について述べ，他のアセットと比べた場合のホテルの収益性の特徴について述べた。最後にホテルの不動産証券化の事例説明として，世界でも初めて行われたホテル開発案件証券化についてどのようなプロセスですすめられるのかについて概説した。

1. 不動産金融業誕生までの変遷と不動産証券化の具体的事例

　筆者の勤務していたシティグループは銀行，証券，カード事業などを取り扱う，いわゆる，金融コングロマリットであるが，所属する投資銀行部門における不動産部は法人部門の顧客，グローバルにビジネス展開している事業法人等に対して，アドバイザーとして不動産資産に関して経営効率がよくなるよういろいろな仕組みを提供し，顧客にとって最も効率のよいファイナンスを手配する成果に対して成功報酬をもらう業務である。具体的な内容については本節の終わりに改めて述べるとする。

(1) 不動産金融業界の誕生と発展

　このような不動産金融ビジネスは，10年前は日本では存在しなかった。なぜ10年前になかったビジネスが急に生まれてきたのか。なぜ不動産金融業界が生まれてきたのか。ここではまず，不動産証券化の登場を含む不動産金融業界の誕生と発展について述べたい。時代を大きく3つに分け，みてゆく。第1段階を1990年初頭のバブル崩壊・デフレ突入について，第2段階を98年前後の大型倒産と外資系投資会社が不動産ビジネスに参加しはじめたことによる不動産金融業の誕生，そして，第3段階を2001年以降の不動産証券化メニューの拡充による不動産金融市場の成長期とした。

① 第1段階：バブル崩壊と不動産の不良債権化

　1985年前後にさかのぼるが，日本の内需を拡大することを世界に約束したプラザ合意後，当局はマネー供給量を増やし日本はバブル経済になり，多くの企業にとっても金余りの状況となった。一方，それまでの日本は土地が値下がりするということは考えられず，土地さえ持っていればその価格はどんどん上がるという，いわゆる「土地神話」があり，この余ったお金が銀行によって多くの企業に土地投入のために融資され，企業はこぞって土地を買った。ところが，

90年代に入った直後に，いわゆる「バブル経済」が崩壊した。バブル退治と称して当局が金利引き締め政策に転じると，あっという間に，東京の土地でさえもそれまでの価格の20～30％ぐらいになってしまった。100万円あると思って，では70万円借りても大丈夫と金融機関にも薦められていたのが，元手の価値が20～30万円になってしまった。多くの会社がどんどん苦しくなり，体力を弱めていったのが第1段階における不動産金融業界誕生への経済環境である。そして，次の大型倒産というステップに至るのである。

② 第2段階：大型倒産と不動産金融業界誕生

第2段階の98年頃にはいよいよ大きな企業もつぶれるようになってきた。例えば，日本長期信用銀行，山一證券等，それまで絶対つぶれないだろうといわれていた会社が次から次へと倒産していくという状況になってしまい，この前後にようやく，「本業に関係のない資産を持ってはだめだ，資産に頼って，その値上がりを期待するようなこれまでの商売のやり方は成り立たない。むしろ，いわゆる持たざる経営，資産は持たずに自分の本業だけを一生懸命やって利潤をあげよう」という，「選択と集中」といわれる得意分野である本業回帰に戻った転換が図られた。持たざる経営とは基本的には会社が保有している資産をマーケットに吐き出すわけであるから，事業法人や金融機関が持っている資産，不動産を買ってくださいという，バブル期とはまったく逆の流れが押し寄せて来たのである。もちろんすでにバブルがはじけた後なので，これらの資産で不良債権化しているものが多く，もともと日本の企業における簿価と比べるとダンピングして売りに出したわけである。それに目をつけたのが，外資系の投資家である。特にアメリカは，その10年前に同じような不良債権処理に苦しんだ経験があった。このような逆境を，REITやCMBS等の不動産の証券化により，不動産の流通性を高めることでそのバリューを回復させたことが，景気回復の発端となった経験があるからこそ，日本の当時の状況はアメリカの10年前によく似ているということで，いわゆる投資銀行や保険会社という海外の豊

富な資金で会社やファンドを運用している会社がこぞって98年以降に不動産マーケットに参入してきて，不動産金融業界が形成された。

③　第3段階：不動産金融業界の発展

　そして第3段階の2001年頃の不動産金融業界はどうかというと，いろいろな証券化のメニューが出てきた。証券化に必要な，スキームにおける導管体となるSpecial Purpose Company（SPC）や いわゆる特別目的会社の国内法や会計基準が整備されたのもこの頃である。また，ノンリコースローンという不遡及型ローンもこの頃金融機関がメニューとして出してきた。これは何かというと，今までは，お金を借りたら借りた人に対してお金を返さなければ，その人が持っているもの財産全部根こそぎもっていくというローンであったが，この「ノンリコース」とは日本語でいうところの「不遡及」という意味であり，ローンの対象となる不動産しか対象にしていないので，何かあったときにはこのビルだけ金融機関が担保としてもっていくというようなローンなのである。したがって借り手からしてみれば，これまでの何から何まで根こそぎもっていかれてしまう借金と比べ非常にリスクが限定されたものである。また，REITとCMBSについてだが，REITは，2001年に国内で発行されるようになって以降，ハイリスク・ハイリターンの株式とローリスク・ローリターンの社債・国債等の債権の中間であるミドルリスク・ミドルリターンという新たな金融商品として注目されている。今までは会社そのものの価値に基づいて発行される証券であったが，REITは不動産からくる収益に基づいた証券で税金の優遇措置もとられていることから，REITの保有資産も拡大の一途をたどってきている。REITが不動産収入を元手とした株式とすると，CMBSは債権である。2001年という年は，そのようなノンリコースローンやREITやCMBSなど不動産証券業界にとってあらたな商品ラインアップが，次々と出てきた年なのである。

(2) 不動産流動化・証券化の案件事例

　以上，バブル期から現在までの不動産金融業界の流れを見てきたが，不動産金融業界ではどのようなことが行われているかについての理解をもう少し深めてもらうために筆者が携わった代表的な不動産流動化・証券化案件事例を，世の中の流れと絡めながらいくつか説明することとする。

　シンプルなものはオークション形式の不動産の売却であるが，筆者は，もう一方の，逆に複雑なものとなるが，不動産仕組ファイナンスのアレンジメントということに携わってきた。

① マネージド・オークション

　前述の不動産金融業界の流れで絡めると，いわゆる大型倒産を迎えた第2段階に大型のマネージド・オークションが日本で目立つようになる。この入札型の売却方式で筆者が携わったのは，2000年から2001年に年が改まった頃，バブル崩壊の痛手で，生命保険業界のうち日本を代表するような大手数社がいよいよ倒産するというタイミングであった。この数社のうち，借金の返済に充当したいために所有する不動産を処分したいという大手生命保険会社が1社，また前年倒産してしまった別の大手生命保険会社の管財人からも会社を更生させるために，その会社の所有する不動産売却の依頼をうけ，合計2社から，それぞれの所有する不動産の売却を依頼された。対象となった不動産は，前者の場合は，その生命保険会社の本社ビルと銀行の本店が入っているビル，別の1社の場合は，当時建設中であった超高層ビルや大手事業法人の本社ビルであった。売主からのわれわれへの使命は，「今まで，われわれはこれくらいで買ってくれるお客さんがすでにいます。ですから，それを最低目標に，いついつまで期限を設けてできるだけ高く売ってください。最低目標を超えないと，あなたたちにはフィーはあげません。ただし超えた分に関しては，たくさんフィーをあげます」という内容であった。両社の物件の当時の価格を合計すると軽く1千億円は超えていた。このような莫大な金額の売り物をマーケットに売りに出す

わけであるが，ただ情報を持ち歩くわけではない。何をするかというと，これら売却不動産の収益物件としての収支，建物としての管理状況等詳細なデータをこちらで精査した上，数週間後の何月何日までにあなたたちはいくらで買うか入札をしてくださいという話を投資家にするのである。不動産のマーケットでは，それぞれの物件が数年に一度出るか出ないかの非常に優良物件であったので，基本的には投資家の皆さんは買いたいのだが，われわれが設定した投資家の検討期間はわずか数週間であった。依頼主である両生命保険会社も，どうしてもその3月までにきちっと売却手続きが終わっていないと年度決算に間に合わないので困るという締切期日が決められていたので，非常にタイトな期間になってしまったわけである。そのような状況下で，それぞれの投資家がどのように動いたかというと，外資の投資家は非常に決断が早かった。当然，本国へは電話で相談をしていると思うのだが，日本にいる30歳代の幹部が「分かりました。このビルを数百億円で買います」という決断をしていた。一方，日本の会社の反応は，このような数百億円を超える取引になると役員決済もしくは社長決済になり，その間に課長とか部長とか事業部長といった方たち全員のハンコをもらわなければいけないので，最低でも2ヵ月はかかりますというものであった。こうなると勝負は決まっており，結局はスピード勝負で，外国の企業が買っていくという状況になってしまったわけである。外国の企業が，例えば，そのときの取引で100億円で買ったものを，6ヵ月もたたないうちに，役員会決済が間に合わず買えませんといった日本の会社に対して，130億円で売っているという状況もよく耳にした。決断が遅いがために，本来ならば100億円で買えていたところが130億円という高値で買わざるをえなかった。しかもその差額の30億を外資系企業が手にしているという状況である。この辺は，恐らく日本の企業は最近改まってきているが，日本の会社は決断が遅く，非常に損をしているなと，当時，同じ日本人として歯がゆい思いをしたものである。

先程の説明のとおり，依頼主からこれくらいの価格で売ってくれと要求された最低売却価格をターゲット・セールス・プライスと呼んでいるが，今まで依頼

主が話をしていた中でいちばん高くついた価格を目標として与えられており，それに対して，わずか2～3ヵ月の間で（物件によって異なるが），およそターゲットプライスの数割増しで売却し，報酬をもらうというのが，このマネージド・オークションにおけるわれわれの成果であった。

② 不動産仕組ファイナンス

前述の第2段階のところで日本の会社は含み資産に頼らない，持たざる経営に方向転換したということを書いたが，次のケースは，必要であっても資産は持たないという，持たざる経営のための不動産仕組ファイナンスの事例である。日本を代表する通信会社で非常に資金力のある優良な会社があり，ビジネスがうまくいっているので，人も増やしていくから，オフィスビルが欲しい。そのような会社でも，もう本業に直接関係ない資産は本社ビルといえども持たないということで，われわれが提案したことはSPCと呼ばれる特別目的会社を作って，それに建物を建築させるというものである。まずマーケットから，建物を建てるのに必要な300億円という資金をより低い金利で集めてきたということが不動産仕組ファイナンスの1点目の特徴。2点目は，しかもいろいろ複雑な仕組みを作って，会計や税務上，そして資金運用において効率的に，いちばんその会社にとって得になるような提案をする点である。

また，別の持たざる経営の例として，非常に成功している家具販売会社がある。百貨店等が不調でうまくいかなくなり自ら建設した建物での商売をやめる時に，この家具会社がテナントとして出店してくるという，持たざる経営を実践して非常にビジネスがうまくいっている会社である。この家具会社が関東近郊の新しく開発されてできたエリアに出店を希望していた。しかし，空いている百貨店もなければ建物もないということで，SPCを使って，このSPCが更地から開発をして家具販売会社に対して建物を貸した。これは持たざる経営の事例として，しかもSPCに最初から開発させたという意味では，当時はきわめて稀なケースであった。

以上，バブル崩壊以降15年間の不動産証券化の変遷および不動産流動化・証券化事例について概説した。大型倒産時代における不良債権処理のひとつの有効的な手法としてのマネージド・オークション，バブル崩壊を機に「土地神話」から「持たざる経営」に企業の考え方が転換したことから，SPCを活用した不動産の仕組ファイナンスとそれぞれ時代の要請に基づいてこれら不動産流動化・証券化の手法が考案され，日本経済の回復に寄与してきたといえる。

2．ホテルビジネスの変遷およびその証券化事例と課題

　ここではホテルビジネスに絞って，バブル以降，今日までの変遷を見たうえで，オフィスや商業施設等と比べて投資家から見た場合のリスク・リターン特性，そして最後にホテルの不動産証券化事例について概説したい。

(1) ホテルビジネスの変遷

　第1節ではバブル期から今日までおよそ15年間不動産金融業界の変遷を述べたが，ここはこの期間にホテルビジネスがどのような動きがあったのかを見ていきたい。

① 第1段階：ホテル異業種の参入とFB部門の苦戦

　1990年前後の第1段階におけるホテル業界はどうかというと，日本はバブル経済でたくさんの企業が金余りの状況となる一方，アメリカでポートフォリオ理論——これはひとつの企業は同じ業種ばかりやっていてはリスクが高い，いろいろな業種に手を出していれば，Aという業種がだめでもBという業種がうまくいくから，そちらのほうがリスクは少ないということ——が，好景気と金余りを背景にビジネス界でもいわれ始めていた。さらにこの頃にリゾート法が制定され不動産開発に拍車をかけ，そこで，お金を持っている日本の企業は，こぞって多角経営，つまり本業ではないビジネス，特に目立った業種としてホ

テル・リゾートビジネスに乗り出した。筆者が以前勤務していた建設・デベロッパーは，もともとはマンション建築で大きく成長した企業だったが，やはり88年にホテルビジネスに乗り出した。大学を卒業して2年目の筆者は，その会社から，ホテルビジネスを学ぶために留学させてもらうというバブルの恩恵に与かったひとりである。留学先のコーネル大学はアイビーリーグとして有名であるが，特にホテル経営学科は高い評価を得ていた。当時，日本から来た留学生を見ていると，当然，ホテル会社からの派遣が多いのだろうと思っていたら，全くそんなことはなく，むしろ銀行，鉄道，電話会社といった異業種から来られる方が断然多かった。まさしくこの頃，日本の企業はこぞってホテルビジネスに乗り出してきたことがわかる現象のひとつといえる。

　このように，いろいろな企業がホテルビジネスに入ってきたという流れがある一方で，新規参入組はホテルビジネスの難しさを知らないまま仕事を進めてしまったのである。さらに，宴会ビジネスやレストラン部門のいわゆるフードアンドビバレッジ（FB）部門は，いわゆる日本のシティホテルで大体7割の売上を占め，残りの2〜3割が宿泊部門なのだが，このFB部門がバブル崩壊もあり凋落を始める。まず，日本のホテルでは稼ぎ頭だった結婚式ビジネスが，海外ウェディング，ハウスウェディングと競争相手がどんどん増えてきた一方で，結婚人口の減少という需要サイドの縮小で非常に苦戦を迎えたのである。もう一方の宴会ビジネスの主力であった一般宴会，いわゆる法人部門を相手にしている宴会ビジネスは，バブル崩壊のあおりで，決定的な打撃を受け，マーケットが皆無に等しくなってしまったのであった。以上のように，それまでレストランも含めて7割近い売上があったビジネスで，まず需要が非常に減ってしまい，売上が減れば，当然，利益率も減るので，GOPという運営利益をそれまでは30％以上稼いでいた宴会部門が20％，10％と，どんどん目減りしてしまったという状況であった。さらには，レストラン部門はもっと収益性が悪く，恐らくホテル内のレストランはこぞってみんな赤字経営という状況であった。なぜこういうことになってしまったのかというと，外食産業というのは非常に

厳しいビジネスである。食べ物を扱っているので、食べているときにゴキブリが一匹出ただけで、ビジネスに致命的な打撃を被ってしまうわけであるが、それだけ食べ物を扱うビジネスは非常に難しいということに加え、やはり日本のホテルの場合はいかんせん人件費が高かったのである。さらに、ただでさえ良い食材を使うホテルの場合は、食材費と人件費だけで、売上の50％を超えてしまう高経費体質であった。このような状況は現在でもあまり改善されず、FB部門は今でも非常に苦しい状況が続いている。

② 第2段階：ビジネスホテルの躍進

かたや宿泊部門は、バブル崩壊を経て第2段階である大型倒産時代に入った以降も堅調であった。先ほど運営利益（GOP）率が、宴会部門では大体30％から20％ぐらいに減ってきたという話をしたが、宿泊部門に関しては大体50％ぐらいGOP率が出る。しかも、ビジネスホテルになると宴会・レストラン部門がなく、利益率が低いビジネスを排除しているわけだから、会社としても非常に利益率が高くなるので、ビジネスホテルが急速に成長を遂げて店舗を増やしていったのである。この成長の理由には企業の倒産や地方撤退も実は寄与している部分がある。地方経済が疲弊し東京集中主義になる中で、多くの日本の企業が、地方の支店をほとんど閉めてしまった。しかし、地方の仕事は縮小したもののまだ残っているという場合、365日はりついている社員はすでにいないので、東京から仕事で行かなくてはならない。そのときに地方のビジネスホテルというものが非常に必要なファクターになってきているのだ。こういった需要サイドからも、ビジネスホテルは非常に躍進を続けているのである。

③ 第3段階：今日の現状

宴会やレストランを7割占めていたシティホテルは大変な不況を強いられており、一方で、宿泊主体ビジネスをやっているビジネスホテルチェーンは、成功を収めてどんどん店を増やしているというこの動きは今日も続いているが、

最近のもうひとつの動きとしては，非常に高級なホテル，特に外資系ホテルの出店ラッシュが挙げられる。これは，第2段階において日本の不良債権ビジネスに目をつけた外資系企業の進出がはじまり，今日まで拡大しているのであるが，そのような海外からのビジネスマンの需要が高くなったことも大きく寄与している。彼らの出張費用は日本人のそれとは異なり相当高額な部屋でも社費で宿泊することができる。一方で東京はそのビジネスの大きさの割にはこのような高級ホテルの部屋数が少なかったことも最近の大型開発に伴って新規開発に拍車をかけた部分である。さらに加えると，これら高級ホテルはそれまでの日本のシティホテルと比べて，FB部門の割合が少ない(50％以下)ことはいうまでもないことである。

(2) 今日のホテルビジネスの課題

　以上，バブル崩壊以降15年間の日本のホテルビジネスの動向について概説したが，それでは不動産証券化において，投資家から見てホテルというアセットはどのような性格のものなのかを考察してみたい。その上で，現在の日本のホテルビジネスにおける課題を掘り下げてみよう。

① アセットのリスク・リターンの特性

　まず不動産といってもオフィス，ショッピングセンターのような商業施設，倉庫やホテル等さまざまなアセットがあり，不動産証券化においてそれぞれのアセットのリスク・リターンの特性を把握することが必要である。図表4-1で説明すると，3つの山なりの曲線図があるが，これらの線はそれぞれ，都内オフィス，郊外大型ショッピングセンター，そして主要都市のシティホテル，いずれかにあてはまると考えていただきたい。下の横軸はそれぞれのアセットがリターンで，0％，5％，10％で，縦軸はそれぞれのリターンの確率を記してある。これは筆者の経験に基づく主観的なイメージ図だが，それぞれオフィスやリテールやホテルの土地・建物代金に100億円つぎ込んだときに，例

図表4-1　アセットのリスク・リターンの特性

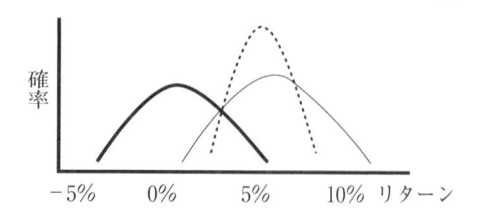

えば点線を見ていただくと，大体3％と7％の間にすべての山が収まっており，最も高い確率で起きるのが5％前後で，失敗してマイナス（赤字）にはならず，うまくいけば7％ぐらいリターンが入るかもしれないというのが，この点線の見方である。逆に太線の見方は，一番高いところでも5％ぐらいしかもうからず，下手をすると，0を割り込んでマイナスのリターンになるかもしれないというのが太線である。簡単にいうと，点線はリスクが少なくて，一番リターンが見込める物件，太線はリスクが高いにもかかわらず，リターンがあまり望めない，実線はその中間ということになる。

　まず，投資するのだったら，点線，実線，太線のどれであろうか。当然，点線であることはいうまでもない。失敗しても3％戻ってくる。それでは点線は次のアセットタイプのどれに該当するだろうか。オフィス，ショッピングセンター，ホテル。オフィスというのは，ピンからキリまであり，この図表4-1においてはやや大げさに書いているが，基本的には都心のオフィスは，企業が家賃を払うことを元手にしており，都心にオフィスを構えるような大きな企業が，家賃を不払いにする確率はまずない。そういった意味では，リスクは一番少ない。しかも，利益率はマーケットでは5％が中心となり，正解は，オフィス。ショッピングセンターというのは，イトーヨーカドーにしろ，ダイエーにしろ，いろいろなお店がいろいろなものを売っていて，オフィスと異なり固定賃料に加えて各月の売上に比例する変動賃料部分がある。その商品が売れるか売れないかは，企業が払うオフィスの家賃よりは変動するリスクは高く，ぶれる。ただ，ホテルと違って，食料品とか衣料品とか，生活に必要なものを売っ

ているから，オフィスほどではないけれども，ホテルと比べるとぶれは少ない。ということで，実線がショッピングセンター（Retail）。残念なことに，あえてシティホテルと前述したけれども，シティホテルはいわゆる宿泊と苦戦のレストラン，宴会，それぞれの分野で季節の変動を起こす。話は少し横道にそれるが，特にリゾートホテルなどはその顕著な例である。年始年末のお休みやゴールデンウィークや夏休みという，年間わずか2ヵ月ぐらいしかない期間に年間稼動の半分が集中してしまうビジネスなのである。同様に，やはり結婚式などは，例えば日本では6～8月に挙げる人は少なく，やはり春，3～5月とか，10～11月に挙げる人が多いので，季節変動が大きい。一般宴会も同じように，社長就任パーティーというように季節変動がある。宿泊にしてもしかり。ということで，季節変動をまともに受けるということは，ビジネスの特質からしてしょうがないことなのだが，これは収益性の観点からいうと非常にリスクが大きくなってしまう。以上の結果，リスクが一番少ないのはオフィス，次にショッピングセンター，最後にホテルということになる。

　何が問題かというと，シティホテルはリスクが高いのに低いリターンしかないということである。一方で欧米のホテルはこの太線のトップが10％を超えてくるので，一番損をするかもしれないけれども，一番リターンが高い可能性も大きいという，いわゆるハイリスク・ハイリターンである。これが日本以外のホテルビジネスである。前述したとおり，残念なことに，シティホテルではフード＆ビバレッジ（FB）部門が非常に苦戦を強いられており，一方でビジネスホテルは非常に成長いちじるしいと述べたが，季節変動がある分だけリスクは高いが大体オフィスと一緒のイメージである。以上のような観点から，投資家はリスクとリターンを見る。

② 投資対象としてのホテルビジネスの課題

　では，一体，今，このシティホテルの窮状をどうしたらいいのか。今後のホテル業界の課題についてまとめてみる。なぜ，世界のホテルはリターンが高い

のに，日本のホテルは低いのか，いろいろな原因があると考える。

1番目の原因は，ニューヨークやロンドン等の世界の主要都市へ行くと，ヒルトン，シェラトンクラスの中級クラスのホテルで，カーペットがはがれていたり，浴室が汚かったり，水は満足に出ないというようなホテルでも一部屋5～6万円の金額で売れる。逆に，日本でも高級ホテルといわれるようなフォーシーズンズとかパークハイアットとかリッツカールトンクラスになると10万円近くになるものもある。裏を返せば，それだけ払える人がいるわけで，外国は非常に所得格差が激しいのである。だから，日本人から見ればシャビーな施設でも，高い金額で泊まってもらえるマーケットがあるということになる。日本は一応，国の政策もある意味よかったこともあり，国民のほとんどが中流階級である。金持ちだといっても，そんなに海外の大富豪のような大金持ちはいない。となると払える金額も収斂されていって，どんなに高級なところでも，平均料金は高くても4万円は超えない。だから，非常に金額の幅が狭く，高い料金で売れない。最近，外資系企業の進出により海外ビジネスマンの出張が多くなり高級ホテルの需要が高まってきた理由もここにあるといえる。もちろん一方で，日本の比較的高い収入での平準化はホテルの高い人件費比率に影響を及ぼしているのである。

2番目の原因は，特にリゾート産業でそうなのだが，先述したとおり，日本人は皆同じタイミングで一斉に休みをとる。それでどういうことが起きるかというと，筆者もリゾートホテルで働いていたことがあるのでわかるのだが，通常20人の社員で回しているホテルが繁忙期は100人いても足りないというような状況に陥る。逆に，冬の平日などの閑散期になると，客室が10室もうまっていない，だから従業員は5人ぐらいで十分だということになる。日本人は皆同一行動をとるので，それが観光ビジネスにとっては非常に痛手となるのである。

今，政府などが日本を観光立国にしようといっているが，まず，われわれ日本の国民が安く泊まれるようにするにはどうしたらいいのかというと，休みの体系をもう少し考えない限りは，なかなかリゾートビジネスはうまくいかない

だろうと考える。これは日本人の生活習慣において根本的なところであり，長いスパンかかるであろうが，解決してほしい観光産業における大きな課題である。

以上2つの原因は日本社会の根本的な部分に因るところであるが，3番目としては，やはり初期の計画が，特にバブル期以前は，投資効率というアプローチが足りなかったのではないだろうか。ロケーション，ポジショニング，初期投資の上限設定，運営高効率のレイアウト等あげたらきりがないのだが，ホテルは基本的には作った段階で，50％は勝負が決まっているということを申し上げたい。大事なのは，都内にある外資のホテルかディズニーランド内にある直営ホテルが最も高いのだが，ホテルはどんなにいい部屋でも，平均1室4万ぐらいでしか売れない。1室当たりそれだけだと，稼働率100％でも100室だったら売上は大体こんなもの，200室だったらこんなものとわかる。どんなに頑張っても売上はこれだけしか出ないという上限がわかる施設集約産業である。さらに，利益もどんなに頑張っても，例えば30～50％しか出ないというのがわかる。それを逆算すると，大体1坪当たり，ホテルを作るときには初期投資にはこれしかかけてはいけないということがわかるはずなのだが，残念ながら今までのホテル会社はそういった手法をあまりとっていなかった。特にバブル期頃計画され，バブル崩壊後に開けてみたら大変なことになってしまうというのが非常に多かった。いかに初期投資額をできるだけ抑えながら効率の良い施設構成にしなければいけないかということは，大事なポイントである。

(3) ホテル証券化の事例

以上の考え方に基づき不動産証券化におけるホテルビジネスのあり方について実例を示しながら検証したい。不動産証券化といっても利益がでる魔法の杖ではなく，やはり元の最も大事な部分はアセットとしてどれくらいのリスク・リターン，収益力があるかにかかってくる。REIT等にはオフィスや商業施設は見受けられてホテルが少ないのは先程述べたとおり，リスク・リターンがほ

かのアセットと比較して劣るといわざるをえないからである。証券化するにはやはりそのホテルの収益力が必要条件となる。それではどうやってホテルの証券化を実現できるのであろうか？　答えは先程のホテルビジネスの課題で述べたように，いかに市場にあった収益の出る効率の良いホテルを作れるかである。もうひとつ加えるとすると，いかに事業が抱えるリスクを軽減するかということである。この点について筆者の携わったホテルの証券化事例を参考にしながらみていきたい。

　ある日本を代表するテーマパークに隣接する部分に，顧客である事業法人が広大な土地を所有していた。ずっと昔からこの土地を売りたかったのだけれども売れない，どうしたらいいかという相談をわれわれは受けて，「やるのだったらホテルで」という話をして，先ほどの家具販売店の案件と同じようにSPCを使って更地から開発を進めた。

　今までの開発は，三井不動産とか三菱地所というデベロッパーが，1社ですべてのリスクを負って開発をしていたわけだが，このやり方は非常にリスクが大きい。例えば，建設段階で大きな地震が起きてしまって建物ができなかったとか，約束していたテナントが入らないとか，建物が実際に稼動していないので非常にリスクが高い。98年に日本の不動産を外資系企業がたくさん買い始めたという話をしたが，唯一，外資系企業が買わないのが，こういった開発案件である。それはあまりにもリスクが大きいからである。

　そのリスクをわれわれはどのようにヘッジしたか（避けたか）というと，いろいろなものに関するリスクをそれぞれ得意なプレーヤーに負ってもらい，そのリスクに対して適正なリターンを与えることにしたのである。例えば，建設会社とは，「何があっても，この建設工事は絶対ある一定の期間内で仕上げてください。それができなかった場合には全部買い取ってください」という契約を結んだ。大手建設業界はすべての会社がひとつの同じような契約でずっとこれまでやってきたのだが，そのような日本の慣習，請負契約という慣習を破って，厳しい条件を彼らに課した。そのかわり，ちゃんと約束どおりうまくいっ

たときにはより大きな報酬をあげましょうということをここでは行った。それによって，ひとつは開発リスクをだいぶ軽減することができた。

それから，ホテル会社であるが，今までホテルの運営受託というと，売上に対して何パーセントの受託費をくださいというのが主流であった。例えば，売上が100億上がって，1％くれといわれたら，1億円彼らに払わなければいけない。今，日本のホテル業界はこの報酬システムなのだが，売上というのは絶対上がるものである。何が上がらないかというと，利益が上がらなくてホテルを経営する会社は皆困っているのである。だから，ホテル運営会社に支払う運営受託費は，売上の何パーセントというものは一切なくし，そのかわり利益に対して何パーセントあげましょうという約束をした。このようにホテルに関するリスクも，ホテルというビジネスをよく知っているホテル運営会社により多くのリスクを背負ってもらい，そのかわりホテルに利益が出た場合はリターンもより多くあげますというようにした。

それぞれのプレーヤーに，ゼネコンやホテル会社と同じようなリスク・リターンをたくさん組み合わせたのがこのホテル開発型証券化プロジェクトである。これまで十数年，建てるのだったらホテルだろうということはわかっていてもできなかったところに，このプロジェクトの手法でありかつファイナンスの手法を取り入れることで初めてホテルが作れたということでは画期的なことである。

このホテルビジネス証券化に参加する投資家，ゼネコン，ホテル運営会社等にはそれぞれお互いにすべて何らかの対立がある。例えば，ゼネコンとホテル会社との間では，ホテル会社からすれば，ものができてからたくさんのお客様に喜んでいただくためによりよいホテルを作ってほしい。例えば，大理石をたくさん使ってほしいとか，カーテンなどは一流品にしてほしいとか，できるだけいいものを作ってほしいという要望があるわけである。かたやゼネコンは予算を決められているから，この予算だったらこれが目いっぱいですというような対立点がある。それから，投資家とゼネコンも同じように対立点がある。投

資家からすれば，よりよいホテルを効率よく作ってくださいというところを，ゼネコン会社は，「もう予算は決まっていますから，そうはいきません」となる。ホテルと投資家の間では「フィーは，これしかあげません」「いやいや，これだけ頑張るのだから，フィーはあげてほしい」という対立もある。さらにいうと，投資家の中にも，一番リスクを取るいわゆる出資者と最も安全なリスクしか取らないシニアレンダー，そして両者の中間であるメザニンレンダーと，いろいろな種類の投資家がおり，この中でもそれぞれ対立がある。

したがって，案件組成のプロデューサーでもある筆者の役割として，このようなさまざまな利害の調整を図っていかなければいけない。これも日本で初めてやった開発案件で，前例がなくゼロからの出発だったので，利害調整を図るのに非常に苦労した。契約書の数が約50種類，要は，調整が非常に大変であった。

それから，もうひとつ加えると，例えば，筆者が本プロジェクトについてヒヤリングをしたホテル会社が20社以上で，プロジェクトを説明して，こういう条件でやってもらえますかという話をしながら，先ほどの入札と同じように最終条件を出してもらい，こちらでホテル会社の適応性や出してきた手数料などの提案を見て選ぶ。そのようなことを，ホテル運営会社でもやり，またゼネコンでもやり，そして投資家も，同じようにやっていき，マーケットの中で最良の条件を出してくれたプレーヤーを集めてきたのがこの案件である。

各プレーヤーがそれぞれの分野で最強なので，それぞれのプレーヤー間に強い利益相反があると，そのときの交渉も非常にハードなものになるわけだが，不動産の証券化，特に開発がかかわるものというのは決して簡単なものではないということを少しでもご理解いただければ幸いである。

最後に，不動産証券化においてやはりそのアセットが生み出す収益とリスクのバランスが大切であると述べたが，一部ビジネスホテルを除いては，残念ながら日本のホテルビジネスの現況ではその対象となるのはまだむずかしい。一

方で，ますますグローバル化が進む傍らで，今後加速度的に少子高齢化を迎える日本にとってはホテル，病院，介護施設等のいわゆるホスピタリティ・アセットの安定的な供給が今後の発展に非常に重要な課題となる。先述した課題を一つひとつ解決して，先ほどの図においてホテルのリターン曲線を右に来させるには私の属する不動産金融業界は所詮脇役にすぎない。ホテルを含めてホスピタリティ・ビジネスは，われわれ金融業の人間がモノとお金を動かすのに対して，人が人を動かさなくてはいけない，人の気持ちを動かさなくてはいけないという点で非常に難易度が高いと痛感しており，今後のホスピタリティ業界のさらなる努力と躍進を祈念する。

第5章

都市開発とホテル

株式会社竹中工務店取締役　難 波 正 人

概　要

　日本のホテルの潮流，業態開発は，欧米より5～10年近く遅れているといわれている。現在，日本のホテルをとりまく環境は大きく変化し，ホテル業界は超高級，低価格宿泊主体型の二極化の傾向になってきている。

　まちづくりの中でのホテルの担う機能は，高級都市型ホテルの出店により開発のブランド力を高める「複合開発におけるイメージリーディング機能」，地域の社交空間となる「エリアコミュニティのインフラ機能」，非日常空間を提供する「アーバンエンターテインメント機能」，ビジネスライフをサポートする「ビジネス拠点機能」の4つに整理される。

　都市開発とホテルの関係では，開発のコンセプトとホテルの要素（立地・機能・規模・グレード）が合っていること，および明確な個性をもったホテルを創ることが重要である。

　さらに，事業性に裏打ちのある投資計画の検討が必要となる。宿泊主体型ホテルでは，ローコスト化の実現，超高級ホテルでは複合開発において，開発のイメージを高め，商業施設やオフィス施設などでトータルの収益性の実現を図る等。これらを十分に検討し，都市開発におけるホテルづくりを成功させてゆかねばならない。

日本のホテルの潮流，業態開発は，欧米より5～10年近く遅れているといわれている。都市開発（街づくり）にホテルの導入を考えた場合，常に海外，国内のホテルの動向を理解し，その時代，その場所に相応しいホテルや関連施設を，具体的企画や計画に反映させていく必要がある。

　ここでは，第1～3節にて欧米のホテルの潮流を分析した上で日本のホテルの現状を整理し，第4・5節にて今後の日本の都市開発におけるホテルの役割や日本のホテルの将来像について述べたい。

1．アメリカ・ヨーロッパのホテル業界の変化

(1) アメリカのホテル業界の推移とブランドのポジショニング

　アメリカの都市ホテルは，1590年代まではグランドホテルの時代といわれ，ホテルは限られていた。その後1960年代，1970年代とホテルはチェーン化，大型化してゆくが，当時はヒルトン，シェラトンに代表される中規模ホテル，マリオット，ハイアットなどの大規模ホテル，ホリデイ・インなどの低価格ホテルが中心であった。1980年代以降，業態開発が始まり，さまざまなカテゴリー・規模・機能・タイプのホテルが出現した。

　1990年代から現在に至る中では，特にザ・リッツ・カールトン，フォーシーズンズやパークハイアットに代表されるチェーン型の超高級ホテルがアメリカにおいても充実してきている。あわせてオールスイートホテル，低料金単価を実現したバジェットホテル，さらにその中から機能分化した高品質なバジェットホテルやWホテルに代表される高級宿泊特化型ホテル等が展開している。

　また，ブティックホテルといわれる非常にデザインに特化したホテルや，ラスベガスの大型で娯楽性の高いエンターテインメントホテルなど，さまざまな業態が非常に多岐にわたって展開してきた。図表5-1は現在のアメリカの都市ホテルのポジショニングである。このように開発の目的とマーケットに応じ，さまざまなタイプのホテルが選定され，都市開発の一翼を担っている。

図表5-1 アメリカの都市ホテルのポジショニング

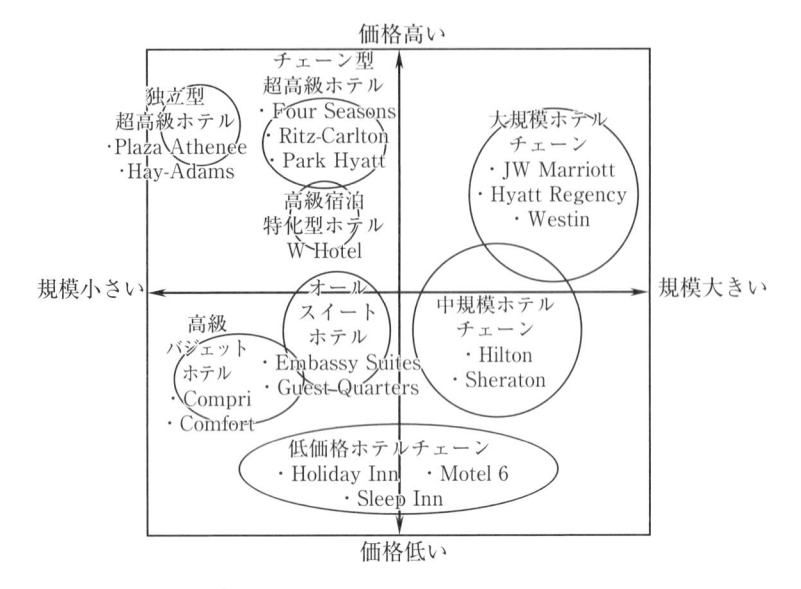

（縦軸：価格高い／価格低い、横軸：規模小さい／規模大きい）

- チェーン型超高級ホテル
  - Four Seasons
  - Ritz-Carlton
  - Park Hyatt
- 独立型超高級ホテル
  - Plaza Athenee
  - Hay-Adams
- 大規模ホテルチェーン
  - JW Marriott
  - Hyatt Regency
  - Westin
- 高級宿泊特化型ホテル
  - W Hotel
- オールスイートホテル
  - Embassy Suites
  - Guest Quarters
- 中規模ホテルチェーン
  - Hilton
  - Sheraton
- 高級バジェットホテル
  - Compri
  - Comfort
- 低価格ホテルチェーン
  - Holiday Inn
  - Motel 6
  - Sleep Inn

(2) 世界の主なホテルチェーン

　世界のホテルチェーンの中で代表的なものを挙げると，ルネッサンス，ラマダ（2003年時点）等のホテルチェーンを買収し，ザ・リッツ・カールトンやブルガリホテルなども傘下に加え，フルラインの構成でチェーンを広げてきたマリオットや，1990年代に買収により巨大なホテルチェーンに成長し，今や日本にも数店舗あるヒルトンなどがある。ヒルトンの最高級ブランドであるコンラッドは，2005年7月に東京・汐留の開発で森トラストの建物（東京汐留ビルディング）の主に28階より上層部に入居し，中〜低層部はオフィスや店舗という構成で，このホテルにより開発のイメージを高め，訴求力を上げている。

　最近，非常に伸びてきたホテルチェーンがスターウッドである。超高級ホテルのセントレジスは，独立したホテルチェーンだった高級ホテルのシェラトンやウェスティンなどを買収し，さらにWホテルなどの新ブランドを興し，世界的にも非常に注目されるホテルチェーンになっている。

アコーは，「ヨーロッパのマリオット」といわれている。ソフィテル，ノボテル，メルキュール，イビス，エタップなど，さまざまなグレードのホテルチェーンブランドを所有し，主に欧州を中心に展開している。日本にも進出し，一例では，かつての甲子園都ホテルが「ノボテル」に変わって，営業している。

⑶ ホテルチェーンのブランド・セグメント（ACCORの例）

チェーン内のブランドによってイメージの違い（ブランド・セグメント）をACCOR（アコー）の例で説明したい。

SOFITEL（ソフィテル）：チェーン内最高級のフラッグシップブランドホテル。5つ星クラス。

NOVOTEL（ノボテル）：上から2つ目の高級ブランド。基本的には料飲，宴会施設をもち，ビジネス顧客をターゲットにしている。部屋にも高級家具を入れている。4つ星クラス。

MERCURE（メルキュール）：ノボテルのひとつ下の位置づけ。宿泊主体でグレード感が高い。3〜4つ星クラス。

IBIS（イビス）：ヨーロッパで主に展開するエコノミーホテル。ノボテルやメルキュールに比べ，非常にシンプルで機能的になっている。

ETAP（エタップ）：イビスをさらにシンプルにしたブランドで，価格訴求で非常に成功している。クレジットカードでチェックインして部屋に入るようにし，従業員数なども最小限に抑えて，経営効率を高めている。さらに，ダブルベッドに2段ベッドが付いていて，上に子ども，下に両親2人と子どもと，親子3〜4人が泊まれる。現在，フランスでは40ユーロ（約5,500円）前後で泊まれる，低価格路線で非常に成功したブランドの例である。

FORMULE 1（フォーミュラ・ワン）：フランスでは部屋にトイレもなく，日本の簡易宿泊所のような業態で，フランスを中心にヨーロッパのロードサイドで非常に数多く展開している。

アコーに限らず，世界のホテルチェーンはいろいろとセグメント分けされた

業態をもって展開し，それぞれロケーションに合ったブランドで出店を続けている。日本のホテルチェーンの場合は，ワシントンならワシントンとR&B，JALならホテル日航とJALシティ，ほとんど2つぐらいのブランドしかもっていない。海外の主要ホテルチェーンは非常に多くのブランドを自分のところで抱えて，立地に合わせて事業展開していくのが，日本のホテルチェーンとの非常に大きな違いではないか。

2．日本のホテルをとりまく環境の変化

(1) 日本の社会環境の変化

2004年現在，日本人の海外旅行者は年間約1,700万人弱，日本に来る外国人の数は年間600万人強と，両者とも着実に伸びてきている。

以前，外国へ行って，外国のホテルを味わうと，日本のホテルのデザインやサービス，風合いなどと違うという気持ちをもつことがあった。昨今，外国への旅行者が多くなり，日本のホテル利用者の目が肥え，品質や風合いを求めることが強くなってきたと考えられる。

日本の人口ピラミッドの変化を見ると，1980年代は30歳前後が非常に多かったが，現在は50歳を過ぎた人々の層が非常に大きくなっている。日本も高齢社会を迎えつつあり，これからは高齢者対応の需要が大きくなる。観光マーケットを考えるときにも，この点は非常に大きなポイントになる。時間的ゆとり，経済的ゆとりから見ると，現在，50歳より上の，エンプティネスター（子どもが巣立って，夫婦2人になった世代），シニア，シルバーといった層が一番お金を使え，これからのマーケットリーダーとして間違いなく強くなってくる。

(2) ホテル利用者層の変化

労働時間は2004年には若干上昇に転じたが，近年漸減傾向である。一方余暇時間も他のさまざまな社会活動などに時間をとられて，実質的にはそれほど伸

びてきていないと見られる。労働時間が減った分，必ずしも余暇生活が充実している訳ではない。

また所得については，総収入の減少は2005年ぐらいで底を打つのではないかといわれるが，未だに減少傾向にある。

同様に，旅行費用の年次推移も，2004年にかけて減少傾向にある。サラリーマンが会社から支給される出張旅費はずっと減少または若干横ばい傾向である。共に2005年ぐらいがほぼ底になっているのではないかと思われる。

婚姻件数と婚姻率の年次推移を見ると，団塊ジュニア世代がマーケットに入ってくると考えられる。この期間は若干増加傾向になると考えられるが，それを過ぎると少子化で大幅に減ってくる。よって将来，婚姻件数は大幅に減少すると予測される。教会での挙式スタイルが増えて神前式が減ることも，ホテルでの婚礼が減少することに影響は現れていると見られる。関西の挙式会場，披露宴会場の1997年と2002年の動きを見ると，ホテルでの挙式，披露宴は明らかに減少し，パーティースペース，一般の結婚式場の割合が増えてきている。

法人利用では，バブル期までは企業の創立記念総会や社長就任パーティーなどの大規模宴会やセミナー，研修等の法人の宴会およびその関連需要も非常に多かったが，バブル崩壊後，それらの利用も大きく減少し，厳しい状況にある。

(3) ホテルライバルの出現

2003年夏，大阪の南港・咲洲に，ベストブライダルの「アートグレイス・ウェディングコースト」という，邸宅風建物で結婚式を開くというハウスウェディング施設が誕生した。施設内の教会で式を挙げて，イギリス風，ベネチア風という4つの海外風の邸宅で披露宴，ガーデンパーティーができる。当初，年間約600組の予想が，開業時には約700組の予約が入り，非常に面白いマーケットとして動き出している。国内各地にも同様の施設が近年数多く急速に展開されている。挙式・披露宴を中心にしたホテルにとってはなかなか厳しい状況となっている。

⑷　日本のホテルをとりまく環境の変化——まとめ

　ホテル利用者の変化については，海外旅行経験者が急増したことによりホテル利用に慣れた人の増加と訪日外国人数の増加で，ホテルの利用機会は上がると見られる。また，時間的・経済的ゆとりのあるエンプティネスター，シニア，シルバー層が急増することで，それらを対象にしたマーケットはこれから伸びていくと思われる。

　総収入の減少と，旅行にかける費用の減少で，国内では「安・近・短」傾向といわれ，経済合理性を追求する層が増えている。一方で，ザ・リッツ・カールトン，フォーシーズンズなど，超高級ホテルがそれなりに実績を残しており，高級・本物志向は間違いなく進んでいる。

　婚礼宴会については，婚姻数が横ばい，挙式スタイルの変化で，ホテルからハウスウェディングやレストランへ，大型豪華挙式から地味婚や個性化へという流れで，必ずしもホテルにとって有利な傾向ではないのが実状である。ただ，個性あるメリケンパークオリエンタルホテルや，超高級なザ・リッツ・カールトンなどで結婚式を挙げたいという女性も多くおり，ホテルの中でも個性化を打ち出すことにより勝ち組は存在感をもっている。法人利用の変化については，出張宿泊支給額も減少または横ばいで，企業の宴会も減少している。

　それらの点から，今後は，中途半端な大型宴会場をもっているホテルよりも，超高級な宿泊を中心としたホテル，あるいはコスト訴求の低価格宿泊主体ホテルという二極化の傾向に進んでいくのではないか。

3．わが国のホテル業界の推移

⑴　日本のホテル業界の推移と現状

　日本の宿泊業界は，2003年度現在，旅館が約6万軒弱，ホテルが約9,000軒弱。ホテルの客室数は1970年代から年々増加して，現在約66万室強である。今後も旅館が減少し，ホテルが増える傾向と考えられる。

アメリカの場合，1950年代ぐらいまでがグランドホテル時代であったが，日本は1960年代までが富士屋ホテル，ホテルニューグランドなどに代表されるグランドホテルの時代だった。1960年代，1970年代と，東京オリンピック（1964年），大阪万博（1970年）という大きなイベントが続いてあり，その頃からホテルが国内に展開し始めた。1970年代に入って，ワシントンホテルや第一ホテルがホテルのチェーン化をすすめ，各地にホテルができ始めた。1980年代に入ると，シティホテルの建設ラッシュを迎えた。1990年代前半から，超高級ホテル，あるいはアーバンリゾートホテルという業態が日本にも出てきた。バブル崩壊の前後，大型・多機能化の流れが止まる一方，低価格と宿泊単機能のバジェットホテルの分野は非常に急発展・充実している。東横インやR&Bなど，安く泊まれるホテルチェーンが日本各地に展開している。

　最近の新しい動きでは，内装等にデザイン性をもたせたホテルが徐々に増えつつある。アメリカのスターウッドの「Wホテル」というデザインホテルブランドチェーンも日本に非常に強い進出意向を示している。また，超高級旅館マーケットが確実に復活している。

　ホテルを価格（高い・安い），機能（多機能・単機能）という視点で整理してみる。もともとは大都市における帝国ホテル，ホテルニューオータニ，ホテルオークラ，ロイヤルホテル，という大規模な高級シティホテルが登場し，その後，第一ホテル，ワシントンホテル，東急インといったビジネスホテルのチェーンホテルが出てきた。併せて，カプセルホテル，公共公益系のホテルと，アメリカのホテル機能が多様に分化してきたことを参考に，日本でも業態の動きが出てきた。

　その後，メガホテルといわれるようなシーホークホテルやプリンスホテルなど，沢山の客室をもつホテルが出現した。「おらが町のホテル」的なものとしてのコミュニティホテル（関西では芦屋のホテル竹園芦屋や，伊丹シティホテル（旧伊丹第一ホテル），西神オリエンタルホテル，六甲アイランドのベイシェラトンなど）も登場した。また，ビジネスホテルが機能分化して，東横イン，

ルートイン，R&B，スーパーホテル等と，低価格のバジェットホテルチェーンが出現し，急速に規模を拡大している。

(2) 外資系ホテルチェーンの日本への進出

最初の外資系ホテルは1964年，東京オリンピックの年に開業した旧東京ヒルトンであった。その後，1970年に入って，インターコンチネンタルホテルが京王プラザホテルと，メリディアンホテルが京浜急行と，各々提携により進出してきた。そして，ホリデイ・インの日本各地での展開がスタートする，これが外資系ホテルの展開の始まりである。

本格的な展開は1980年代で，各地にヒルトン，シェラトン，ハイアット等が運営委託，提携等で進出してきた。

バブル期の1990年代からフォーシーズンズ，ザ・リッツ・カールトン，パークハイアットなどの外資系超高級ホテルが展開を始めた。例えば，東京では藤田観光とフォーシーズンズが提携したフォーシーズンズホテル椿山荘や，関西では大阪・西梅田にあるザ・リッツ・カールトンなどである。この時期は，あくまでも日本のホテルや企業と運営委託契約を結び，運営面の支援を行うのが主な進出の手法であった。

バブル崩壊後も出店は続き，運営委託もしくは名前を貸すかたちで提携して外資系ホテルが進出してきた。最近になって，さらに積極的な外資系ホテルの出店の事例も出てきている。今後は，マンダリン（2005年11月既オープン），ペニンシュラといった著名な超高級ホテルブランドが日本にも進出してくる予定である。

4. 都市におけるホテルの役割

(1) 都市生活とホテル機能

都市生活とホテル機能の関係を整理すると，都市生活領域は，職域，娯楽域，

居住域，文化健康域に分けることができる。

　昔は，職域と居住域がライフスタイルの中心だったのだが，近年，娯楽域と文化健康域が大きく広がり，それに伴い「複合開発におけるイメージリーディング機能」「アーバンエンターテインメント機能」「エリアコミュニティのインフラ機能」「ビジネス拠点機能」の4つが，都市生活との関連の中でホテルに強く求められてきた。

　具体的には職域・娯楽域の部分でホテルがつくり出す機能は「ステータス機能」として，パーティー，インセンティブツアー，会社の接待などが位置づけられる。

　娯楽域・居住域においては「アミューズメント機能」として，ショッピング，シティリゾート，各種テーマ・エンターテインメント，ディナーショー，あるいは個性的レストランなどが位置づけられる。

　居住域・文化健康域では「コミュニティセンター機能」として，文化施設，スポーツセンターなどが位置づけられる。

　職域・文化健康域においては「インフォメーション機能」として，会議，研修，展示会，ファッションショーなどが位置づけられる。

(2) 複合開発におけるイメージリーディング機能

　事例としては，ハービスOSAKAのザ・リッツ・カールトンが挙げられる。この地域は，昔は大阪で非常に辺鄙なエリアだった。貨物ヤードの跡地の開発の方向性を，オーナーである阪神電鉄と何回も勉強会を行った。地域のイメージを変えないといけないということで，日本にない，あれっと思うようなもの（ザ・リッツ・カールトン）をあえて一番奥（西側－ハービスOSAKA）にもってくることにより，地域の雰囲気を創り変えたうえで，手前（東側－ハービスENT）を開発していくコンセプト，戦略を策定した。

　一方で，ザ・リッツ・カールトンが大阪に進出したいというニーズがあり，ザ・リッツ・カールトンのトップにこの案件を紹介したところ，非常に興味を

図表5-2 都市におけるホテルの役割

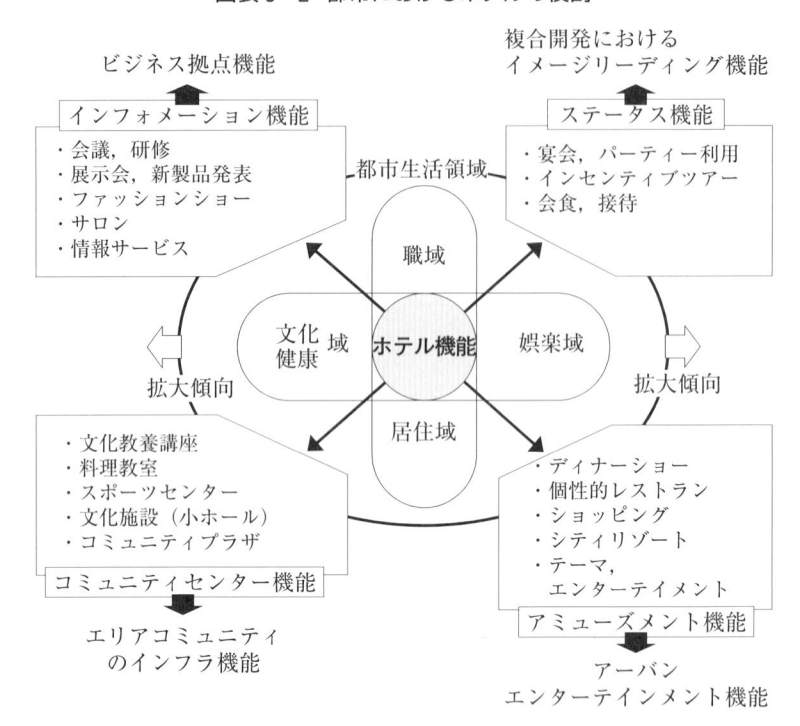

ビジネス拠点機能
複合開発における
イメージリーディング機能

インフォメーション機能
・会議，研修
・展示会，新製品発表
・ファッションショー
・サロン
・情報サービス

ステータス機能
・宴会，パーティー利用
・インセンティブツアー
・会食，接待

都市生活領域
職域
文化健康域　ホテル機能　娯楽域
居住域

拡大傾向　　　　　　　　　　　拡大傾向

・文化教養講座
・料理教室
・スポーツセンター
・文化施設（小ホール）
・コミュニティプラザ

コミュニティセンター機能

エリアコミュニティ
のインフラ機能

・ディナーショー
・個性的レストラン
・ショッピング
・シティリゾート
・テーマ，
　エンターテイメント

アミューズメント機能

アーバン
エンターテインメント機能

　もっていただいた。阪神電鉄と縁結びをし，いろいろな交渉プロセスを経て，最終的に進出が決まった。1997年にオープンし，大阪のナンバーワンホテルとして成功している。

　この1期開発だけでは約14万㎡だが，2004年秋に開業した東側の2期，ハービスENTをあわせると，約24万㎡になり，そのうちのホテルは約4万5,000㎡，全体開発の約6分の1である。その6分の1を，収益性は決して高くないが，ホスピタリティが高くイメージの良い空間をもつことで，建物や街のイメージを高め，建物の低層部にグッチをはじめとする高級ブランド店を誘致し，オフィスとともにそこで収益を上げることにより，街の開発全体として順調に推移している。

ホテルニューオータニ大阪は，京橋の西側にあるOBP（大阪ビジネスパーク）にある。ここは戦争中は砲兵工廠があり，そのあとをマツダや新日鐵系の会社などが工場をもっていた場所である。当社や住友生命・松下などが新たな所有者として区画整理を行い，都市開発を進めた。住友生命が所有地の一画にこのホテルを1986年に開業させた。ホテルが開業して，初めて街としてのイメージが確立し，その後いろいろなオフィスビルが建ち並んできた。街全体を考えた中での複合開発におけるイメージリーディング機能といえる。

　新宿の新都心も同様の開発といえる。浄水場の跡に，まず京王プラザホテルが最初にでき，それによりイメージが一新され，次々と施設ができあがっていった。

　福岡のカネボウの工場跡地に福岡地所がつくったのはキャナルシティ博多である。この中にもグランドハイアット福岡とキャナルシティ・福岡ワシントンホテルの２つのホテルがある。アメリカの著名な建築家，ジョン・ジャーディー氏が全体をデザインし，メイン開発の中のホスピタリティ機能としてグランドハイアット福岡が位置づけられている。

　六本木ヒルズの中にもグランドハイアット東京が入っている。これだけの大きな開発になると，ホテルは欠かせないという事例である。

　フォーシーズンズホテル丸の内東京は2002年10月にオープンした。PCPという香港企業のグループが東京駅横に建てたビルの一画に，わずか57室だが，フォーシーズンズホテルを誘致したのだ。これもイメージリーディング機能といえるのではないか。

⑶　エリアコミュニティのインフラ機能

　関西では，「おらが町のホテル」として成功している兵庫県伊丹市の伊丹シティホテル（旧伊丹第一ホテル）や，もともとのコンセプトはこのエリアのコミュニティホテルとしてつくられた神戸市の西神オリエンタルホテル，兵庫県三田市の三田新阪急ホテルなどが事例として挙げられる。

西神オリエンタルホテルは，事業コンペということで当時ダイエーが応募して当選したのだが，コンペであったがために，規模を大きくつくりすぎたところがある。マーケットサイズからは増築を前提とした経営計画にすべきであったと開発担当者は語っていた。

　その他，JR芦屋駅前の再開発の中で，旅館からホテルに再開発された，巨人軍が泊まっているホテル竹園芦屋などがマーケットインした成功例として挙げられる。

(4) アーバンエンターテインメント機能

　東京ドームの横にある東京ドームホテルは，東京という巨大マーケットの中では何をやっても成功すると思われるが，施設内にラクーアという温浴施設を2003年春にオープンした。温浴施設と一体型のリゾート空間の中にあるホテルということで，まさしく日本のアーバンエンターテインメント型ホテルの代表といえる。

　東京ディズニーリゾートの周辺のディズニーアンバサダーホテル，ホテルミラコスタをはじめとするホテル群もアーバンエンターテインメント型といえる。

　USJの横のホテル近鉄ユニバーサルシティは，USJへの来園者が一番効率よく泊まれるホテルとなっている。色合いなども非常に楽しく，にぎわい感，雰囲気をつくろうというホテルである。USJは近年好調で周辺のホテルも増加しているが，その中でもこのホテルは健闘している。

　神戸メリケンパークオリエンタルホテルはおもしろい形状と夜景が特徴である。チャペルなどは，非常に斬新で，今の単体ホテルの中で一番収益が上がっているといわれ，非常に高稼働している。立地，そこに求める機能，マーケットから来るグレード，ボリューム，これらがうまく設定されているといえる。

　福岡にあるホテル・イル・パラッツオは，どちらかというと歓楽街にあり，建築家のアルド・ロッシ氏を起用して，際だったデザインでつくられたデザインホテルである。周辺のイメージを高め，トータルに収益を上げるというエリ

ア戦略でつくられた，エリアを活性化させた代表的なホテルである。イル・パラッツオと企画者も同じだが，北九州・門司港のエリア活性化の一環としてのホテル開発の中においても，ホテル設計者としてアルド・ロッシ氏を起用している。

(5) ビジネス拠点機能

　ワシントンホテルは第一ホテルと並んで初期の日本のチェーン展開をリードしたホテルだが，ビジネスホテルの中でも高級な部類に入ってしまった。もっと原点に戻って，宿泊するホテルをつくったらどうかというワシントンホテルの野澤会長（当時）の発想で，「R&B」ブランドができた。前述のフランスのアコーホテル，「エタップ」などの単機能のホテルと同じコンセプトである。R&Bの意味は"Room and Breakfast"で，朝食のパンとジュース，コーヒーが料金に含まれ，東京で約7,000円，大阪で約6,000円の値段で，現在16店舗を展開している。新しいタイプのビジネスホテルの原点はこのR&Bにあるのではないかと考える。

　大阪のヒルトンホテルのビルオーナーは，パーキングとして経営していた所有地（たまたまザ・リッツ・カールトンの隣接地であった）で，セカンドインというバジェットホテルを建設した。一泊5,800円，一般のホテル運営方式では固定経費が高いということで，お風呂はシャワーに特化して経費をおさえ，その一方でベッドだけはゆったりしたものにしてアメニティを確保しようということで企画した。開業して約6年，稼動も順調である。

　博多エクセルホテル東急は，松竹と東宝の映画館の跡地活用を東急インで検討していたが，東急インより若干高級グレードで，宿泊される方にアメニティをもたらすようなものをつくりたいという中で出てきた業態がエクセルホテルである。お風呂なども，お風呂につかりたいとか，洗うときは，浴槽の中ではなく外へ出て洗いたいというニーズに対応してつくられている。博多の中では安定した稼働をしている。

現在，ビジネスホテルチェーンや宿泊主体型ホテルチェーンでは共用部にビジネスセンターとして，パソコン，コピー，ファクシミリ等を設置することが一般的になっている。客室内でのIT対応（LAN，パソコン貸し出し，テレビ一体型パソコン導入等）も進んでいる。周辺企業等のビジネス拠点として，小規模な会議室を備え，会議需要を取り込むホテルも出てきている。
　このようにビジネス顧客のニーズにあったホテルづくりが，マーケットインし，成功する大きな課題であろう。

5. ホテルの今後の課題と展開

(1) 日本のホテルの現状

　バブル期まで，法人の宴会需要が高く，都市型ホテルの収入の大きな部分を占めていた。バブル期から現在に至って，大規模宴会が非常に減少している。社長就任パーティーなども差し控えるという動きになり，法人宴会のマーケットが縮小している。宿泊出張費の縮小により宿泊売上も期待できない。
　このようなマイナス要因に対して，ホテルは法要までやり，小規模宴会の獲得の努力をしている。宿泊部門では法人宿泊客を囲い込み，法人契約やネット予約のシステムを導入し，半額あるいはそれ以下で泊まれるというサービスをしながら，宿泊需要を掘り起こしている。
　一方，最近は個人へのシフトが非常に大きくなっている。個人が「安・近・短」志向で経済合理性を追求する一方，お金と時間に余裕のある世代が増加し，ブランド・本物志向の客層も顕在化している。宿泊では，法人より個人の方がマーケットとしてはまだ落ち込みが少ないと見られる。ホテル側はネット予約販売，オークション販売などで格安の客室を提供したり，個性的な婚礼，お祝いパーティー，記念日にインセンティブ・カードを発行するなどで集客に努めている。また，デザインを含めて今までとは違うイメージを創出し，快適空間の提供，他との差別化を図っている。

訪日外国人旅行客は，ビジネスでの訪日客は若干低減しているが，総数では現在年間600万人強と徐々に伸びてきている。
　誘客のひとつの戦略としては，外資ホテルチェーンの誘致や加盟，既存各ホテルの国際標準化ということである。特に日本の大型のシティホテルでは，100億円単位の投資をして居住性，デザイン性を高め，外資系ホテルに対して営業強化の努力を始めている。
　ホテル内の組織の課題は人件費といえる。海外では非常に低賃金，低所得の層や，他の国からの労働力を活用するケースも見られる。しかし，日本の場合はほとんど平均的な給与水準で生活している人が中心であるため，どうしても人件費がかかる。その点を改善するためには，今後パートの導入や情報化対応などがさらに進むと見られる。
　マーケットの変化に柔軟に対応するホテルの運営も大切であり，外資はそれらのノウハウが強く，外資との連携もその中で出てきている。
　今後は上記を基に，既存ホテルのリニューアル等での生き残り，外資が絡んだ各チェーンの再編，生き残ったホテル同士でのさらなる競争激化が予想される。

(2) 今後の日本のホテルの展開

　今後の展開は，開発の目的とホテルのコンセプトがきちんと合っていることが，長期的にホテルが成功する大きなポイントである。そのホテルの立地，そこから読めるヒンターランドのマーケットの大きさ，そこで求められる機能，規模，グレードである。新しい埋立地での外資系ホテルで，都市にある高級大型ホテルを誘致し，それがマーケットアウトしており事業的にはなかなか上手くいかなかった事例もある。また，芦屋の，ホテル竹園芦屋は，芦屋というマーケットの中で，巨人軍の宿泊するホテルであり，お肉がおいしいことでネームバリューを高め成功している。このように，開発の目的とホテルのコンセプトの整合性が非常に大事である。

明確な個性の確立も重要なポイントである。ひとつのデザインで明確な個性を出すことも必要である。ザ・リッツ・カールトンなどは，日本の今までのホテルの風合いではなく，18世紀頃のイギリス貴族の邸宅風（ジョージアン様式）のテクスチャーでインテリアをまとめて，異次元空間を醸し出している。また，東横インやスーパーホテルなどは，非常に安いコストで宿泊に特化した快適な空間をつくることで，コストコンシャスを図っている。高級ホテル，バジェットホテルとも，それぞれ違った個性を追求しているのである。

　それらを総合して，事業性に裏打ちのある投資計画が必要となる。宿泊主体型ホテルであれば，究極のローコスト化を進めていく。超高級ホテルでは，単に超高級ホテルをつくるだけではなく，複合開発の中で超高級ホテルに明確な役割を与えて，そこから大きな利益を期待せずに開発全体の中でバランスのとれた事業性を追求する。その工夫をしながら，事業性に裏打ちされた投資計画をしていかなければいけないと考えられる。

　これらを十分に検討し，都市開発におけるホテル開発を成功させてゆかねばならない。

参考文献
難波正人他「米国ホテル新潮流に学ぶ」『日経リゾート』1990.9～10，日経ＢＰ社，1990年
竹中工務店編『ホテル開発の21世紀戦略』日本能率協会マネジメントセンター，1991年
難波正人他「ホテルデベロップメントの新視点」『月刊レジャー産業』6月号，綜合ユニコム，1992年
難波正人他「都市ホテルの全て」『月刊ホテル旅館　別冊』柴田書店，1993年
『タイプ別ホテル開発運営実務計画資料集』綜合ユニコム，1997年
『レジャー白書 2005』㈶社会経済生産性本部ＨＰ
『観光白書』国土交通省ＨＰ
『労働経済白書』厚生労働省ＨＰ
「衛生行政報告書」厚生労働省ＨＰ

第6章

生活サービス事業を軸にした
鉄道会社のビジネスモデル

ジェイアール東日本ビルテック㈱代表取締役社長　叶　篤彦

概　要

　本章は，鉄道業を本業とする鉄道会社が，駅を中心とした所有資産の活用によって事業の拡大を図り，さらには鉄道を利用する多数の旅客へのサービスの充実と多様化を実現するための新たな事業展開を志向する目的とそれを実現する方法，また直面する課題とそれを克服するプロセスについて述べたものである。加えて，これらの事業の具体的な成果の一例とその成果が鉄道業そのものに与えた好影響についても述べる。

　鉄道会社における事業の多角化の草分けともいうべき阪急電鉄の小林一三による事業展開にふれた後，当時，筆者が属していた東日本旅客鉄道における事業の多角化，同社のいう生活サービス事業の展開と鉄道業との相乗効果について，数多くの実例に基づいて詳述する。

1.　はじめに

　筆者は，2004年当時JR東日本で駅ビルやホテル事業，あるいは新規事業を担当し，また同時に，JR東日本ホテルチェーン本部の本部長を兼務していた。JR東日本は鉄道業として世界でも有数の企業であるが，同社グループ企業の運営するショッピングセンターやホテルについても，日本有数の企業グループである。本章においては，このJR東日本グループが展開する事業（ここでは鉄道業と区別するため，ショッピングセンター事業やホテル事業などの事業を

総称して「生活サービス事業」と呼ぶ）の現状と直面する課題，それら事業の目指すところ，またこの生活サービス事業と鉄道業の相乗効果について述べ，鉄道業だけではない生活サービス事業をも事業の軸とした鉄道会社のビジネスモデルについて述べる。

　いうまでもないが，JR東日本グループの展開する生活サービス事業というのは，鉄道業のいわゆる「おまけ」ではない。国鉄時代は，この種の事業を鉄道の「関連」事業といっており，当時は若干そのような意味合いがあったかもしれない。今は，厳しい競争市場の中で，グループ会社が「関連」というよりも独立したビジネスとして，それぞれの事業を実施している。一方，客である利用者から見て，それらの事業が，他企業の展開する事業と比べて，十分魅力的であり，競争力があるかどうか，その検証を行う。

　鉄道会社はなぜ百貨店やホテル，あるいは宅地開発のような事業を運営してきたのか。そういった鉄道グループ経営の原点は，阪急電鉄の実質的な創業者である小林一三（敬称略）にある。その事業モデルは俗に「小林一三モデル」といわれる。この点については後ほど簡単にふれる。

　生活サービス事業が鉄道経営にどのようなプラス効果があるか。鉄道会社の営む生活サービス事業も，環境の変化により事業の状況は変化する。環境変化と現在の市場環境等にマッチした鉄道会社のグループ戦略についてふれた上で，JR東日本のグループ戦略についても述べる。

　また，駅ビル（ショッピングセンター）事業やホテル事業などは鉄道会社が営む事業としてわかりやすいが，JR東日本は他にも多くの事業を営んでいる。例えば，ダイエーに関係の深かったオレンジページをM&Aし，今はJR東日本のグループ会社になっている。あるいは駅，駅ビルなど駅周辺に保育所を作って，駅型保育ということで女性の社会進出のお手伝いもしている。このようにますます多様化しているJR東日本の生活サービス事業の全体についても，その目的とともに紹介する。

2. 小林一三モデル

　私鉄の鉄道グループ経営の原点は，小林一三モデルである。小林一三モデルというのは，鉄道を敷設する時点または敷設後に，鉄道沿線に鉄道に付随した事業を展開して，鉄道プラス事業の波及効果を他の業種・業態に及ぼして収益を拡大しようというモデルである。

　阪急電鉄の場合，当初は住宅分譲，電力供給も行っていた。現在まで継続する事業としては，動物園，レジャー施設，宝塚歌劇団，そして梅田の阪急百貨店（現在は別会社）がある。余談であるが，JR東日本は阪急百貨店とともに新しい合弁会社を作り，中央線の立川駅でグランデュオという駅ビルを経営している。

　さらに，ホテル，野球（今はオリックスに譲渡されたが，これも鉄道の波及効果をグループ内に吸収するために展開された事業）もある。したがって，これまでも鉄道会社においては，鉄道事業だけではなく，付帯する事業とともに発展してきた歴史があるともいえる。

　鉄道会社におけるいわゆる関連事業の特徴として，鉄道が延びることにより，当然ながら沿線開発という外部効果を享受できる。さらに沿線の価値が高まり，地価上昇効果を享受できる。沿線人口が増えれば，鉄道の旅客も増えていく。こうして鉄道に付帯する事業と鉄道との相乗効果で好循環を生み出していったのである。また，鉄道はきわめて公共性の高い事業であることから，社会的な信用力もあるとみなされ，事業展開のための資金調達も可能であったことから，初期の鉄道会社は関連事業とともに破竹の勢いで伸びていった。

3. 鉄道事業と関連事業の相乗効果

　関連事業がいかに鉄道会社に好況をもたらすかという例として，一昨年2003年のタイガース効果の例を挙げてみよう。一昨年，関西の私鉄は阪神電鉄を除

いて各社とも減収であった。ところが，阪神電鉄だけはタイガースのＶ効果で大幅増益であった。これは阪神百貨店の収入，タイガース関連の売上高だけではなく，球場に往来する観客の旅客輸送により鉄道収入も増えたということが非常に大きな要因となったからである。

このため同電鉄の2003年度決算見込は，タイガース効果が重なって，売上高，利益見込共に年度内で３回も上方修正されることとなった。

さて，駅ビルやホテルができると，当然，駅のお客様も増える。例えば，札幌駅に大丸などの大規模な商業施設やホテルが入るJR札幌タワーが開業したことにより，JRだけでも10％近い伸び，地下鉄も10％以上の伸びがあった。つまり，事業を駅あるいは沿線で発展させると鉄道のお客様も増えるという図式は今も成り立つということである。

同様の事例としては，JRの京都駅や名古屋駅もさることながら，中でもJR東日本が開発した「アトレ上野」が好例であるといえる。上野駅は，低層部分は阪急の梅田駅のようないわゆる頭端駅の形状であり，数多く並んだ線路の終端の先に中央改札口があり，さらにその先に大きなグランド・コンコースがある。この西側を高架の山手線が走っているのだが，その構造がこれまで非常にわかりにくい上に，やや暗い混雑したイメージを与えていたこともあって，東北・上越新幹線が東京まで延伸されて以降，2001年まで，定期のお客様も定期以外のお客様も毎年減り続けており，上野は地盤沈下したとまでいわれていた。

そこで，建物を増築することなく，鉄道施設も含めて全体の施設配置計画を全面的に見直し，高架下のスペースとグランド・コンコースとさらにその東側にある古い駅舎全体を一体化して，駅のスペースを賑やかで魅力的な商業空間として生まれ変わらせたのである。

例えば，ある銀座の高級フランス料理店も，これをきっかけにこの上野駅に新しい店舗を出店した。この上野駅のコンコースに入ってみると「これが駅か」という感じがするだろう。

この結果，アトレ上野の開発後は状況が一変し，減少し続けていた上野駅の

図表6-1 【事例】上野駅——新たな空間と時間をデザイン——

■人にやさしい駅づくりと駅の魅力向上

お客様は5％以上増えた。また駅の中ではコンサートも行うなど，駅が鉄道のお客様だけでなく，人の集う場所としての賑わいを取り戻すこととなり，上野駅は非常に明るく甦った。

4. 鉄道事業を生かした立地優位性の終焉

　ここまで記してきたのは，駅の効果を鉄道とともに享受できる好例であったが，小林一三モデルに基づき，鉄道と関連事業，生活サービス事業が拡大し続けたというのは，実はバブルの頃までである。

　鉄道業そのもののピークは1960年代であった。この時代は毎年15％ぐらい鉄道の売上高が延び続け，その後伸び率は下がったが，それでも1990年代は伸び率が2％程度はあった。現在は横ばいないしは微減となっており，少子高齢化時代を迎え，先行きも厳しい。したがって，鉄道会社が鉄道だけで生きていくのは難しい時代となっているが，一方，不動産業や流通小売業においても，そ

の分野における鉄道会社グループのシェアが下がってきている。例えば，JR東日本グループの駅ビルにおける既存店の売上高の動向を辿ってみると，バブル期の1991(平成3)年，92(平成4)年を100とすると，それ以降は毎年減り続け，2002(平成14)年度には7割を切るところまで落ちてしまった。

　駅ビルがデパートや他のショッピングセンターに対抗できる理由としては，駅という立地によるところが大きい。しかし，競争相手が百貨店やスーパーだけでなく，郊外型のGMSやアウトレットモールといった新しい業態のショッピングセンターが参入し多様化する中で，例えば，いかに店舗構成やサービスの魅力や新鮮さを発揮し，維持し続けることができるか，といったオペレーションの優劣をお客様が重視するようになってくると，立地条件の良さだけでは太刀打ちできず，駅ビル自身が新たな魅力を創出していかなければならない。この課題をクリアできるほどには，まだ鉄道会社グループに運営力がついていなかったことも，この売上の減少傾向に顕著に表れていると考えられる。

　ここで，ROA（リターン・オン・アセット＝資産利益率）について，縦軸に鉄道単体のROA，横軸にグループ会社が行う連結のROAをとってグラフ化してみる。すると45度線より右下に来ている会社は，鉄道の利益よりも生活サービス事業・関連事業の利益の方が大きく，45度線より左上にある会社は鉄道会社の利益のほうが高いということになる。

　JR東日本は，鉄道のROAが5％ちょっと，グループ連結決算のROAは4.7％位ということで，生活サービス事業・関連事業の利益の方がやや低い。どの鉄道会社もほぼ同じように鉄道の利益の方が高いということで，これを見る限り，鉄道会社の行っている駅ビル事業やホテル事業の利益はそれほど大きくはないともいえる。

　鉄道会社は駅ビルや駅構内での小売業を行っているが，鉄道会社経営の流通業のROAが1.2％であるのに対し，百貨店あるいはGMSなど流通業を主とする企業のROAは3.4％というデータもある。つまり，鉄道会社が行っている関連事業よりも，専業特化している会社の利益の方が大きいということを示している。

この状況を改善し底上げを図っていかなければならないということが、鉄道会社の関連事業や生活サービス事業における今後の大きな課題である。

5. 立地依存性からの脱却・市場競争力強化のために

多くの鉄道会社グループにおいては、A社、B社、C社、D社というようにグループ内の会社が同じ事業を営んでいるケースがある。JR東日本のグループ会社は約100社（当時）あり、例えば、このうち駅ビル事業を営んでいるのは五十数社（当時）あった。これはグループの中で事業が重複していると同時に、経営資源がたくさんの会社に分散していることを意味していた。

これからは経営資源を分散させて同種事業をグループ内で競争させるより、グループ内の一部の会社に経営を集中させて、市場における競争力を増すことが重要となってくるのではないだろうか。このような観点から、JR東日本グループではグループ事業の再編成を進めることとした。前述の例ではJR東日本グループの駅ビルの数は118、その売上高は合計9,600億円あった（当時）。ところが、経営主体が分散しているため、JR東日本の駅ビルグループという強みが発揮できていなかった。その強みを発揮するトータル・マネジメント力の向上のために、地域別、業態別に駅ビル運営会社を再編成することとした。また同様にホテル事業では、ホテルメトロポリタンを軸にしたシティホテルのチェーン・オペレーションにより、マーケット競争力を強化していくこととした。

さらに、事業内容を問わず、必要なコストをできるだけ低く抑え、ローコスト・オペレーションを実現することにより、経営の弾力性、市場価格の変化への対応のしやすさ、すなわち市場競争力を強化することとした。このローコスト・オペレーション実現のために実施した施策を、われわれはシェアードサービスの導入と呼んでいる。例えば、各社に共通する非営業業務のグループ内専門会社へのアウトソーシング化などがそれである。

このトータル・マネジメント力の強化，ローコスト・オペレーション施策の導入こそが，生活サービス事業発展の重要なポイントであると考えている。具体的な施策については後ほど事業別にふれていくこととする。
　このようにグループ再編成を進めつつ，「鉄道と連携する」という観点から，より戦略的にグループ事業の市場優位性を強化していかなければならない。
　市場優位性強化における重要な戦略としては，ひとつは鉄道事業の再認識，再評価，特に，駅のもつ可能性を単なる可能性に終わらせるのではなく，顕在化させようということである。先に上野駅の例を述べたが，駅の機能を全面的に見直して，駅としてのサービス機能を強化するとともに，商業スペースを生み出し，駅に新しい機能を付加していく，という活動を「ステーションルネッサンス（駅の復活）」と名づけている。
　例えば，東京駅と上野駅に設置した「Break（ブレイク）」。これは物を売るスペースではなく，駅や旅行，ショッピングの情報，あるいはインターネット情報などを提供するスペースである。東京駅の場合は，このBreakでミニコンサートなども行えるようなスペースと機能を与えている。
　駅という場のビジネスだけでなく，鉄道機能に不可欠な乗車券も新しいビジネスの対象となる。JR東日本エリアでは，「Suica」という電子マネーを搭載した無線ICカードの乗車券・定期券が，すでに1千万枚以上利用されている。この乗車券機能からスタートした「Suica」をカードビジネスに拡張し，電子マネー・クレジットカードのように小売業における決済手段としても活用している。
　これらの新しい事業展開を考えていく上で特に考慮しておく必要があるのは，自前主義にこだわらないことである。これまで鉄道会社は何事によらず自ら直営で行うことが多かったが，これからはグループ外の優良な企業とアライアンスを組んで，事業の可能性を膨らませ，そしてその可能性を現実のものとして実現させ，グループ力をさらに高めていこうとする視点が必要である。

このように，鉄道事業を基軸とするがゆえに，むしろ他の流通業や他の産業では着想できなかった新しいビジネスの可能性が出てくるのではないか。これをどのようにグループ戦略の中に取り込んでいくかが，鉄道およびその関連事業の発展可能性に大きく関わってくるのではないか，と考えている。

6. 関連事業から生活サービス事業へ──その将来像

　JR東日本グループの「ニューフロンティア21」（現在はその発展形である「ニューフロンティア2008」を実施中）という中期経営計画においては，生活サービス事業を鉄道事業と並ぶもうひとつの柱に育て，グループ経営の根幹とすべく，非常に重要な位置づけとしている。グループの連結売上高は2兆5,422億円（2004年度）であり，このうち鉄道事業の売上高が約1兆7,800億円であるが，こちらは微増かほぼ横ばいとなっている。これに対して生活サービス事業の売上高が約7,500億円であり，こちらは年々伸ばしてきているが，将来的には鉄道事業と生活サービス事業との連結収益を1対1とすべく，努めていきたいと考えている。

　これは決して不可能な話ではない。すでに大きなターミナル駅では，鉄道事業と生活サービス事業・関連事業の売上高を比較すると，むしろ生活サービス事業の割合が高くなっている。

　例えば先述の上野駅では，駅を再開発する以前は，駅全体の売上高が1年間で約550億円あり，そのうち61％が鉄道事業，生活サービス事業・関連事業は39％であった。ところがステーションルネッサンス実施後は，まず全体の売上高が約750億円と，200億円も増えた。しかもその比率は55％が生活サービス事業・関連事業で，鉄道事業は45％となり，比率が逆転した。東京駅も年間約2,170億円の売上があるが，その55％は生活サービス事業であり，同様の傾向は新宿駅や池袋駅でも見られる。

　ここに挙げたのはJR東日本を代表する大きな駅であるが，一般的にこのよ

うなターミナル駅では，すでに生活サービス事業の売上高が鉄道事業を凌いでいるという状況が理解されよう。

7. 駅ビル事業（ショッピングセンター事業）

次に，JR東日本グループが運営する生活サービス事業について，世の中のマーケットにおいてどの程度の位置づけになるかということを交えながら，述べていきたい。

まず駅ビル事業，ショッピングセンター事業であるが，これは先述のとおり，2005年4月現在で駅ビルを運営しているグループ会社は青森から長野までで38社，店舗数は120ヵ所あり，約9,000のテナントショップによる売上高合計が約9,700億円（2004年度）である。

この売上高は，デパート，スーパーを含めた各流通業グループの年間売上高ベスト10で，8位に相当する。イオングループが4兆円を超え，イトーヨーカ堂が3兆5,000億円，第3位がダイエーで約2兆円，ユニー，ヤマダ電機，西友，高島屋が1兆円クラス，当社がもうすぐ1兆円である。2007年くらいには1兆円に到達するのではないかと考えており，すでに多くの百貨店をも凌いでいる。

着目すべきは，先に既存店合計では1991年をピークに売上を落としてきたと記したが，新規店舗を含めると，毎年売上を大きく伸ばしてきているということである。2004年度については，総売上高約9,700億円，対前年比で約100.9％の伸びである。百貨店やスーパーが前年実績を割っている状況と比較して，この業績は，やはり駅の強みを再び活かし始めた成果といえるかもしれない。

また38ある駅ビル運営会社を同じように育てていくのではなく，フラッグシップとなる中心駅ビルを作ってそこに経営資源を集中し，これらの駅ビルに他の駅ビルをサポートさせるべきではないかと考えている。

ルミネは，首都圏の大ターミナル，新宿，横浜，立川，大宮といったところ

図表6-2　JR東日本グループのショッピングセンター事業

■事業規模
●運営会社：38社（2005年4月現在）
●店舗数：120箇所（2005年4月現在）
●テナント売上高合計（2004年度）
　約9,700億円
　→小売業界第8位相当（連結ベース）

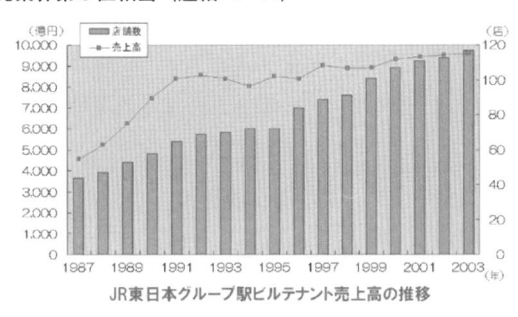

JR東日本グループ駅ビルテナント売上高の推移

に大型店舗を構えている，基幹駅ビル中の基幹駅ビル運営会社である。それから，恵比寿などで「アトレ」他を運営する東京圏駅ビル開発，仙台などで「エスパル」を運営する仙台ターミナルビル，この3社をフラッグシップ駅ビル運営会社とし，これらはそれぞれ自社の特徴を各々の駅ビル運営において実現するように努めている。

　では何が新しいのか。以前は，駅ビルにはいくら誘っても入ってもらえなかったテナント各社も，今では積極的に駅ビルへの出店を検討し，現実に出店してもらえるようになった。とはいえ，例えば，駅ビルはデパート（百貨店）と何が違うのであろうか。

　ある経済誌の流通担当から取材を受けた際，「では，駅ビルのあり方というのは，デパートに追いつけ追い越せですか？」という話があった。そうではない。百貨店も常に大リニューアルを実施し，新しい業態を導入する力がある。その上，百貨店には，ヨーロッパの老舗高級ブランドを導入するだけのブランド力や経営力がある。中には美術館などを有する百貨店もあるが，あのような

第6章　生活サービス事業を軸にした鉄道会社のビジネスモデル　117

業態は駅ビルにはないし、駅ビルが目指している方向とは違う。お客様の求めている商品群や価格帯も、一般的には百貨店のもつステイタスやハイグレードなレベルとは一線を画している。

ただし、感性の高い、感度の豊かな、しかも若い女性のお客様を中心に、確かな目をもっているお客様の目に堪えうる「ちょっと上」の商品が駅の上でショッピングできるよう、ショップやテナント群を構成するという点については、デパートにも負けない、あるいはデパートにはない個性であるといえよう。これらからの駅ビルはデパートとは全く異なった業態を目指しているといえよう。

駅ビルは、一般的にファッション駅ビルと思われがちである。現実に1971(昭和46)年以降、ファッション性の高いショッピングセンターとして君臨してきたが、最近はもっと駅ビルの立地に合わせていろいろな業態を生み出している。

例えば、「ラーメン激戦区」というラーメン店ばかりを集めた一角を東京駅の名店街につくった。この他にも、吉祥寺、立川等々、ユニークな駅ビルがたくさんできつつある。

また「ルミネ the よしもと」は東京で唯一の吉本の劇場である。ルミネ新宿2の最上階にある400席を有するホールであるが、毎日午後5時から6時はこれから売り出す若い芸人の時間帯で、7時から9時までメインの芸人が出演し、大変な人気を呼んでいる。

他にレストランフロアも改装している。新宿マイシティの「SHUN/KAN」は、統一したデザインコンセプトの下、高感度のレストランが並んでいる。スーパーポテトという事務所を主宰している、空間プロデューサーの杉本貴志氏に2フロア全部をお任せして、空間造形をプロデュースしていただいた。テレビなどマスコミでも随分取り上げられたものである。

さらにファッションだけではなく、地域密着型、例えば、食料品、食材などの業態開発にも取り組み、その展開に力を入れている。デパートの地下の食品

図表6-3 【事例】JR品川イーストビル（アトレ品川）

■**オフィスゾーン**（16フロア、27,860㎡）
【エントランス（2F）】・鉄道各線改札口から一直線（羽田・成田空港へも乗換なしでアクセス）
【基準階（約1,700㎡）】・広く高い無柱空間と高いフレキシビリティ
【その他】・IT対応の最先端インテリジェント機能／・Suicaによるビル入退館システム導入

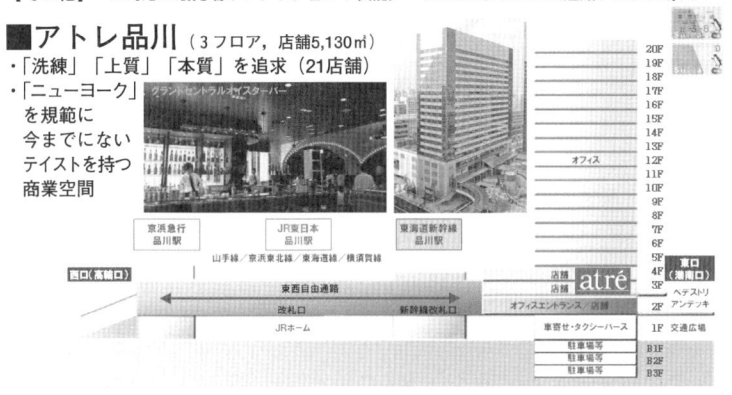

■**アトレ品川**（3フロア、店舗5,130㎡）
・「洗練」「上質」「本質」を追求（21店舗）
・「ニューヨーク」を規範に今までにないテイストを持つ商業空間

売り場（いわゆる「デパ地下」）がとても便利で買いやすく、しかもいい品ぞろえだといわれて久しいが、近年では、駅ビルにも老舗や高級食品スーパー等に出店してもらい、今やデパ地下にも負けない状況となっている。

　最近竣工したユニークな駅ビルをひとつ紹介する。JR品川イーストビルだ。東海道新幹線、JRの在来線、京浜急行が入っている交通の要衝だが、この駅を横断する自由通路の海側の出口を跨ぐ格好で、新しく駅ビルを造った。低層部の4階までがアトレ品川というショッピング・ゾーン、レストラン・ゾーンであり、高層部はオフィスである。

　アトレ品川は「NY STYLE（ニューヨーク・スタイル）」というコンセプトで造られている。駅ビルというと、どうしても女性のお客様中心の店づくりになりがちであるが、ここ品川では海側が大規模な超高層オフィスビル街になっており、いわばこのオフィスワーカー・ビジネスマンをOLに加えて主たる客層と考えたレストラン構成とした。

　特に4階のレストラン・ゾーンで特筆すべきは、グランド・セントラル・オ

第6章　生活サービス事業を軸にした鉄道会社のビジネスモデル　119

イスター・バーである。このニューヨークのグランド・セントラル駅で牡蠣を提供する有名なレストランは、これまで他に出店したことはなく、今回世界で初めての第2号店としてこのアトレ品川にオープンした。他にもジャズのライブスポットがあったりして、フロア全体がニューヨーク・テイストで統一されている。

8. 駅ビルのポータル・サイト——駅パラ

　ここまで述べてきたのは、実在するリアルな商空間の店の話であるが、駅ビルにこんなお店がある、今、駅ビルでこんなサービスをしているという情報を、駅ビルのポータルサイト「駅パラ」からネット上に配信しており、PCからでも携帯電話からでもアクセスできるようにした。また「ぐるなび」や「チケットぴあ」など他の人気サイトとも提携してコンテンツを充実させている。PCの一日のアクセス件数が7万件程度、会員数は3万人程度である。もちろん、JR東日本のホームページからもアクセスできる。

　この「駅パラ」は、駅ビルをご利用されるお客様向けのサイトであるが、同時に駅ビルのテナントの方々に対し、駅ビルに出店するとこういう情報がお客様に伝わる、ということを理解してもらうための、すなわち、B to B、駅ビル対テナントの情報共有のための仕掛けでもある。駅ビルの成否は、入店させたいテナントが実際に出店するかどうかが非常に大事な要素である。いくら立派なマーケティング、マーチャンダイジングを行っても、それを実現してくれるショップが入ってくれなければ、いい駅ビルにはならない。そのためには、テナントとして出店したいと思える駅ビルにする必要がある。

　現実に駅に来るお客様だけではなく、情報サイト上でもこのような駅ビルとの交流の機会があり、アクセスポイントが豊富である、ということがお客様やテナントに理解され、これをきっかけに出店テナントからのショップ情報や顧客からの情報が増え、駅パラのコンテンツを充実させることができれば、駅パ

ラは顧客，テナント，駅ビル運営会社の交流の場となる可能性を，そして現実の駅ビルの顧客満足度を高める可能性すら秘めていると考えている。

9. 駅構内の事業

　駅ビル以外でも，キヨスク，日本レストランエンタープライズ（旧日本食堂）などのJR東日本グループの会社が駅構内で営業するショップでも，積極的にリニューアル・業態開発を行い，駅ビルに負けない新鮮さを保とうと努力している。大きな駅だけではなく，幕張メッセの最寄り駅である海浜幕張や，大崎，中央線の阿佐ヶ谷，西荻窪といった中規模の駅でもこのような店舗を展開している。

　自前主義からの脱却は，駅の中でも実現し始めている。グループ外の企業と業務提携店舗を造っているのだ。無印良品，ファンケル，ソニープラザ，ユニクロ，ロックフィールドなど，グループ外の元気のいい企業と提携し，駅構内の業態を多様化させている。

　さらに，旅行センター（びゅうプラザ）にも喫茶店などを導入している。このような店舗を「融合店舗」と称しているが，コーヒーを飲みながらゆっくり旅行の企画を立てるなど，ゆとりある時間を駅で過ごしていただこうという，駅を変える努力の表れである。

　これらの取り組みを経て，さらにターミナル駅を中心に新しい業態の事業を営むために，2003年に「JR東日本ステーションリテイリング」という新会社を設立した。この会社が2005年3月に開業した「エキュート大宮」や同年10月に開業した「エキュート品川」は，駅と商業施設が渾然一体となった新しい商業空間であるが，この空間のもつ新しい魅力にふさわしい新鮮なテナントが集結し，鉄道や駅を利用する人たちの生活スタイルを変え始めた。

　またこの会社の実質的な経営は，JRになってから採用した，入社10年前後のメンバーが中心となっており，彼ら若い人たちだけに任せたJR東日本は，若

い人にも大きな活躍の場を与える，開かれた企業グループであるともいえよう．

10. ホテル

　一方，駅ビルや駅構内事業と並ぶ生活サービス事業のもうひとつの柱，JR東日本グループのホテル事業は，ホテル数44ヵ所，客室数は約5,500室である．メインのカテゴリーとして，シティホテル系の「メトロポリタンホテルズ」がある．最も規模の大きいホテルは，池袋にある約800室の「ホテルメトロポリタン」．また東京ドームに近い飯田橋にある「ホテルメトロポリタン　エドモント」，ここも約700室の大規模なホテルである．

　また宿泊特化型の「ホテルメッツチェーン」は，シティホテル並みの客室でビジネスホテルクラスの料金を特徴としている．東京を中心に，青森県八戸市から新潟県の長岡市まで，広くチェーン展開している．

　3つめのカテゴリーが，「長期滞在型ホテル」．観光地にあるリゾート型のプチホテルである．このカテゴリーには2つのタイプがあり，「ファミリーオ」はファミリーユースの比較的大型の部屋を用意した拠点滞在型の施設で，計7ヵ所，「フォルクローロ」は駅に近接して建てられた比較的小さな部屋数の施設で，計7ヵ所ある．例えば「フォルクローロ遠野」は，民話の遠野物語の舞台になった遠野の駅に併設したホテルである．

　このほかにも，「弥生会館」という都心型の小さなホテル，それから横浜の山下公園，氷川丸の前にある「ホテルニューグランド」というクラシックホテルも当社のホテルチェーンに入っている．さらに，東京ディズニーリゾートの入り口に，2004年2月に「ホテルドリームゲート舞浜」をオープンさせた．

　日々のホテル営業，ホテル開発に加え，さらに強いホテルチェーンにするために，駅ビルと同じように会社の合併・統合・再編成を進めていくとともに，サービス品質を向上させるための方策として，メッツチェーンでは，ISO9001の認証を取得し，日々の運営に活用している．

JR東日本ホテルグループの総客室数約5,500室を，流通業における駅ビルの売上高順位になぞらえて，日本のホテルグループのランクと比較すると，14位に相当する。ちなみに最も大きいのはプリンス系で2万4,000室，ワシントン，東急，東横インなどのグループも1万5,000～1万9,000室規模ある。また，宴会，料理，飲食を含めた売上高全体のランクでいうとJR東日本グループは7～8位あたりとなる。
　では具体的な事例について述べる。
　まず「ホテルドリームゲート舞浜」は，先に述べたとおり東京ディズニーリゾートの入り口，「イクスピアリ」というショッピングセンターのすぐ横にある，鉄道の高架下空間を活用して造ったホテルである。
　高架橋の下はうるさくて振動があってとても眠れない，と考えるのが一般的な常識であろうが，その常識を覆してこのホテルを実現させたのは，「吊り免振工法」という新しい工法である。高架橋から振動を遮断する吊り金具を高架橋の軀体に設置し，それにこのホテル構造の全体の荷重を載せようというものである。
　振動だけではなく，音も防音装置で防いでいる。客室の騒音レベルを測定するのにN50，40，35という指標があるが，ここはN40という，ホテルの客室として十分なレベルになっており，鉄道の高架下とは思えない静かな空間を提供している。
　ちなみにこれらの技術は，JR東日本が中心となって開発した新しい工法であり，特許を申請している。
　また客室は，グループユースで最大5名，標準は3名から宿泊できるが，宿泊主体で朝食のみという簡素なサービスを心がけているので，ルームチャージはきわめてリーズナブルな範囲に設定している。ディズニーランド閉園まで目一杯楽しんでから部屋で二次会という使い方もでき，非常に楽しいホテルに仕上がっている。
　続いて「東京ステーションホテル」は，東京駅の丸の内側，赤レンガの駅舎

の中にあるホテルである。この駅舎は，大正3年に竣工した時は3階建ての立派な様式の駅舎だったのだが，戦災で3階部分が破壊され，現在の姿は2階までの応急復旧した姿である。これを元の形に復原して，その内部の大部分を再度ホテルとして利用できるよう計画しており，2006年に着工し，2011年度には開業の予定である。

　最近，東京の都心部においては，海外ブランドのラグジュアリーホテルの進出が顕著である。一方，JR東日本ホテルグループのメトロポリタンホテルズはというと，サービスグレード，客室単価も中位にある標準的なホテルである。駅に近いという，メトロポリタンホテルズの利便性を最大限に発揮できるという点では，適切なグレード戦略であった。これは高い客室稼働率が証明している。

　しかしこの東京駅丸の内本庁舎は，皇居に正対し両者をつなぐ行幸通りと一体になった貴重な都市空間であり，その美しさも他に類を見ない。よってそのオリジナルなデザインに復原された駅舎の中で運営する「新・東京ステーションホテル」は，海外ブランドのラグジュアリー・ホテルに負けない最高級グレードのホテルとすべく，現在構想を練っているところである。

11. その他の事業

① 広告事業

　まず広告事業については，「ジェイアール東日本企画」で約900億円の売上高があり，電通や博報堂には及ばないものの，業界では7～8位にランクされる。出版業界では，2001年12月にJR東日本グループに加わった「オレンジページ」がある。これまで鉄道業はマスマーケット相手の事業で，一人ひとりのお客様の顔を見た営業なりマーケティングを実践して来なかった。しかしオレンジページは，50万部近い発行部数がありながら，お客様の声を大切に集めて誌面に反映させている，ワン・トゥ・ワン・マーケティングを実践してきた。こ

の読者重視の姿勢が，JR東日本グループの駅ビルやホテルといった他の生活サービス事業にもいい影響を及ぼすのではないかと期待している。

② 駅型保育事業，スポーツ・レジャー事業等

次に駅型保育事業について述べる。

JRのお客様のご意見を伺う中で，働く女性を支援する目的のために保育所があったら，というお声を数多くいただいた。しかし，他の事業計画の活発な駅において，収益面で厳しい保育事業を営むということは，企業としては大変難しいことでもある。

一方，ひとりの児童を預かる経費はかなりの額にのぼり，その実額を全額若い夫婦が負担するのは難しい。そこで自治体と一緒になって次のような事業スキームを考えた。

保育所の待機児童をたくさん抱えている地方自治体，例えば東京都，横浜市，仙台市では，「駅型認証保育所制度」を設けて，保育事業を営む事業者への補助や子どもを預ける家庭への補助を加えて，若い夫婦の負担を軽減することとした。これに対しJR東日本は，このような自治体を中心に保育所を開設することとし，そこで保育事業を営む会社に対し，許される最低額の賃料で土地・建物を貸付することとしたのである。ちなみにこれらの保育所事業への支援は，主として無認可保育所を対象にしていることも画期的である。

駅という人々の生活において最も利便性の高いところに，働きながら育児を行う若い夫婦に最も必要とされる保育所を設ける，その主旨に沿って地方自治体がこの事業を支援する，といった新しいコラボレーションが拡がりつつある。このような形で，例えば仙台駅ビルのマザーズエスパル，Ｊキッズルミネ北千住，シャポー本八幡駅ビル内，戸田公園の新幹線高架脇の緑地帯，品川駅隣接のコンビプラザなど，東京，神奈川，千葉，宮城などで現時点で16ヵ所開設している。今後もできるだけ多くの駅型保育所を開設したいと考えており，まず埼玉県下に続けて建設する予定である。

またスポーツ，レジャー事業については，ジェイアール東日本スポーツという会社が，大宮，戸田公園等6ヵ所で，「ジェクサー」というスポーツクラブ，フィットネスジムを運営している。大宮は昨年開業したが，8,000人の会員を有する大型のスポーツクラブである。また同社はさらに京浜東北線の大井町駅ビルの屋上に，フットサル・コートをオープンした。夜遅くまで営業しているので，会社帰りの若い人を中心に利用いただいている。

他にはスキー場も運営している。上越新幹線の越後湯沢駅から1駅，冬季限定のスキー場専用駅を有する「ガーラ湯沢」がそれである。近年，スキー場は全体的に利用客が減少傾向にあるが，このガーラ湯沢は首都圏から直通1時間で行けることから日帰りスキーヤーも多く，年間約30万人の人々に利用されている。ちなみにここの専属スキーヤーである佐々木明氏は，ワールドカップの回転競技などで毎年好成績を残している。

先に駅ビルのポータルサイト「駅パラ」について記したが，この他にインターネットショッピングサイト「えきねっと」を運営している。鉄道のチケット取り扱いはもちろんのこと，それ以外にも，さまざまな店舗と提携しているショッピングサイトである。

この「えきねっと」の特徴は商品の受け取り方法にもある。宅配で受け取ることもできるが，「@STATION（アット・ステーション）」といって，首都圏のほとんどの駅にあるキヨスクやレストランなどの店舗での受け取りサービスもある。実は，宅配で家に配達して欲しくないという人が多くなっており，最近は郵便も配達して欲しくないということで，私書箱を駅に置いて欲しいという意見が寄せられるほどである。留守がちな人はもちろんのこと，プライバシーを守りたいと考える人のためのサービスでもある。

③　カード戦略

次にカード戦略について述べる。「ビューカード」というクレジットカードはJR東日本が発行したハウスカードであるが，このビューカードを各駅ビル

やホテルの特典を付加したダブルフェース・カード化することによって，一層その魅力を増やすことができた。例えば，駅ビルの「ルミネカード」では，常時5％引き，年に数回7％あるいは10％オフを実施し，かつポイントではなく直接お買上げ金額から割り引くというサービスが付加されているが，多くの顧客から高く評価されており，80万人の会員を有している。こうしてビューカード全体の会員数も，現在約290万人を数えるまでになっている。

　さらにこのビューカード機能に，乗車券・定期券としてスタートした非接触ICカード「Suica」の機能を加えた，「ビュー・スイカカード」を展開している。Suicaはすでに1,300万枚を超える発行枚数であるが，このビュー・スイカカードは2004年4月現在64万枚程度である。しかしこのカード1枚で，普通・定期乗車券として，クレジットによる買い物や切符などの購入，またSuica電子マネーとして駅のキヨスク等での買い物にも全て用が足りる，という便利なサービスを享受できることから，今後，会員数は増えていくと思われる。

　さらにこのSuicaを，オフィスビルなどの入退室の管理システムにも使っている。事前に必要な情報を登録しておくと，通勤で使っているSuicaがそのままオフィスビルやオフィスの非接触型入退館カードキーとしても使えるというサービスで，これは例えば，先述のJR品川イーストビルの入退館システムにも導入している。

　またこれらのカード会員・利用者の購買動向などを分析し，顧客分析ツールとしてデータベース・マーケティングに活用している。

　ちなみにこのSuicaと同じ仕組みを，JR西日本では「ICOCA」に導入しており，これらのカードにチャージされた金額はSuicaでもICOCAでも，どちらのカードでも使えるようになっている。このような形でSuicaの乗車券，定期券としての利用シーンは，今後，私鉄やバスにも拡がっていく予定である。

　加えて，クレジットカード，電子マネー，オフィスビルの入退室カード，これらの機能は2006年には全て携帯電話に搭載できるようになる。Suicaと携帯電話が一体となったこの「Mobile Suica」の可能性は無限大であり，これによ

図表6-4　Suicaがつくるあたらしいライフスタイル

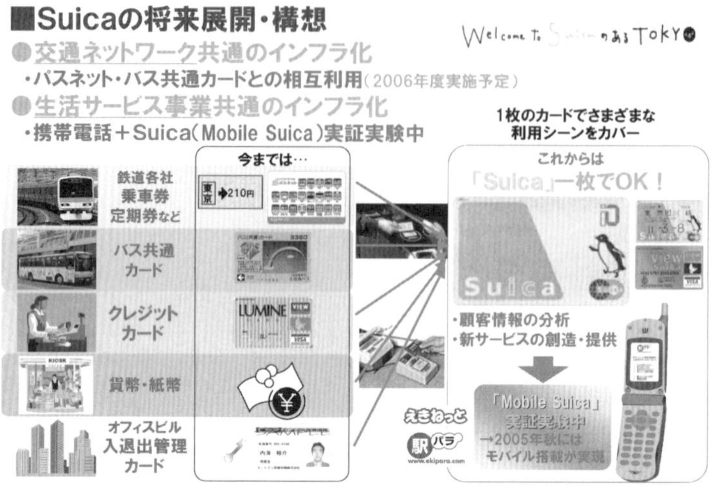

り利用者数も飛躍的に増加することが期待される。

④　東京駅再開発

　JR東日本グループが運営する生活サービス事業については以上であるが，ここで，JR東日本グループが進めているビッグ・プロジェクトである，東京駅再開発の取り組みをご紹介する。

　まず東京駅の八重洲口に，大丸の入っている鉄道会館という大きなビルがあるが，この敷地および周辺の敷地を周辺地権者と共同開発して，大規模なツインタワーの工事に着手した。また同じ東京駅の日本橋口にも高層ビルの建設を進めている。さらに丸の内側，東京中央郵便局の隣の敷地に，三菱地所とJR東日本が共同で開発した「東京ビル」という超高層ビルを含めると，東京駅周辺に合わせて4棟のビルを開発することとなる。

　八重洲側のツインタワーは，1期工事が2007年10月，2期工事は2011年に終わる予定である。また日本橋口ビルは，R&Eセンター（リサーチ＆エデュ

図表6-5　東京駅周辺整備計画

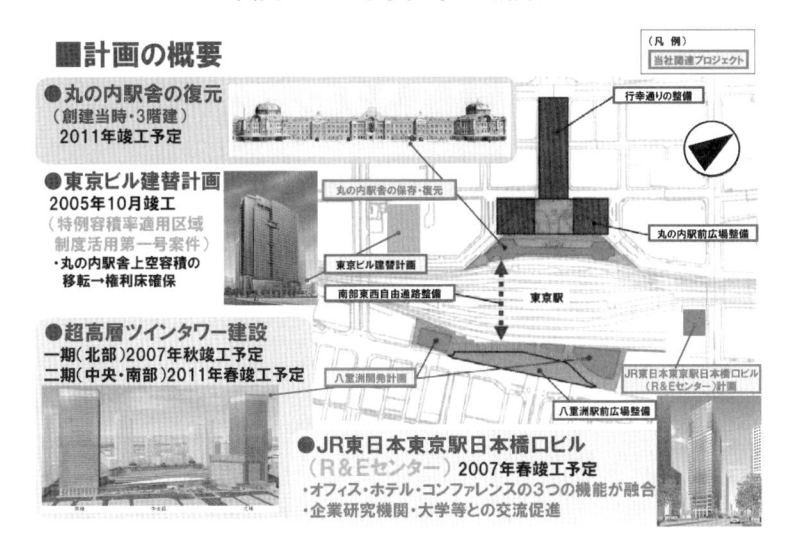

■計画の概要

● 丸の内駅舎の復元
（創建当時・3階建）
2011年竣工予定

● 東京ビル建替計画
2005年10月竣工
（特例容積率適用区域
制度活用第一号案件）
・丸の内駅舎上空容積の
移転→権利床確保

● 超高層ツインタワー建設
一期（北部）2007年秋竣工予定
二期（中央・南部）2011年春竣工予定

● JR東日本東京駅日本橋口ビル
（R&Eセンター）2007年春竣工予定
・オフィス・ホテル・コンファレンスの3つの機能が融合
・企業研究機関・大学等との交流促進

（凡例）
当社関連プロジェクト

行幸通りの整備
丸の内駅舎の保存・復元
丸の内駅前広場整備
東京ビル建替計画
南部東西自由通路整備
東京駅
八重洲開発計画
JR東日本東京駅日本橋口ビル
（R&Eセンター）計画
八重洲駅前広場整備

ケーション・センター）として検討しており，大学や研究機関を入居テナントとして，このビルにおける相互交流によって新たな価値を生み出せる，そんなビルにしたいと考えている。

　また東京駅の丸の内駅舎は，先に記したとおり，元の3階建てに復原した上で，主にハイグレードなホテルとして活用する。併せて東京都では，駅前広場の整備と皇居に至る行幸通りの整備を行い，八重洲開発と丸の内整備をあわせ，2011年には東京駅周辺が新しく生まれ変わる予定である。

　最後にJR東日本としてサポートしている各種事業をご紹介する。
　まずサッカーJリーグのジェフユナイテッド市原（現・ジェフユナイテッド千葉・市原）を，古河電工と2社でサポートしている。
　また東日本鉄道文化財団は，東京駅のステーションギャラリーや新橋の古い停車場を復原した鉄道の歴史展示室を運営している，JR東日本出資の財団である。

第6章　生活サービス事業を軸にした鉄道会社のビジネスモデル　129

さらに劇団四季の常設劇場のうち，浜松町の海側にある3つの専用劇場，「JR東日本アートセンター四季劇場」も，JR東日本がサポートしている事業のひとつである。

このように，JR東日本は多岐にわたる事業活動を行ってきているが，中心はやはり駅を中心としたビジネスである。このリアルな駅という場でのビジネスに，ネット・ビジネス，あるいは決済手段としてのカード，携帯電話との組み合わせ等で，新しいビジネスモデルを生み出せるのではないか，と考えている。

こういった事業が組み合わされることにより，今まで考えもつかなかったような新しいビジネスが出現する可能性があり，そのような可能性を掘り起こしていくことが，これからの私たちの使命であろう。

その際には，JR東日本グループだけで事業を行うのではなく，先に述べたようなコラボレーション，すなわち，グループ外の事業開発意欲旺盛な企業との連携，複合型，コンプレックス型の事業展開，多企業参加型の事業を心がけ，事業規模あるいは波及効果を大きくしていきたいと考えている。

事業発展のキーワード，それは「よきパートナーシップとネットワーク」である。

参考文献
「レポート：次代を見据えた鉄道グループの『破壊』と『創造』―小林一三モデルからの脱却と新しいビジネスモデルの可能性―」『興銀調査 302』（2001 No.4）日本興業銀行，2001年

第3部

ホテルマネジメント・業態研究

第7章

宿泊特化型ホテルのビジネスモデル
〈新業態の成立条件〉

流通科学大学名誉教授　作 古 貞 義

概　要

　経営とは変化対応業といわれるが，企業を取り巻く社会環境は耐えず流動している。

　経営の目的は存続にあるとドラッカーは指摘するが，時代環境の変化を適確に読みとり，その市場に支持される，新しいビジネスモデルの開発に成功した企業が存続を認められる。

　わが国のホテル業界はバブル崩壊とともに，経済成長期に機能してきたインフレ型ビジネスモデルが機能不全となり，減収減益，不毛な低価格競争，赤字転落，倒産，買収の嵐に巻きこまれた。本章では，平成デフレ不況といわれる景況の中で，「宿泊機能に特化した新しい宿泊業態＝ニュービジネスモデル」を開発し，市場占拠率を広げてきたバジェットホテルの業態について解析する。

1.　はじめに

　デフレ不況も底打ちの兆しが見えるこの頃である。都心の再開発地域には高級ブランド店の開業が続き，不況脱出の市況を感じさせている。

　ホテル業界の外資ホテル参入が話題になるが，不況の中で誰も狙わなかった市場の隙間である超高級価格帯と低価格帯の両極に参入は集中している。しかしニッチも参入が続けば，ニッチであるがゆえにオーバーサプライの様相を見

せる。

　ブランド競争が展開されれば，サービス向上は進み，顧客には，より良いサービスの選択肢を豊かにするが，競争環境の変化は往々にして在来ビジネスモデルを劣化させる。

　立地特性とブランド・ノウハウ競争は，その業態＝ビジネスモデルの真の強みと弱みを明らかにしてくれる。

　企業は，市場の中で存続を賭け魅力的な商品・サービス開発を競わざるをえないので，機能特化，デザイン特化，超高級から低価格帯まで，多様なホテル業態が市場に参入してくる。業態開発力が企業の命運を決めるといえるが，業態のライフサイクルは市場要因だけではなく，マネジメントノウハウに左右される。資本固定化度の高い特性をもつホテル業は，商品価値のライフサイクルが収益力に繋がる。

2. 高度成長期型ビジネスモデルの劣化

(1) 環境変化への適応

　デフレ経済環境は，業種業態にかかわらず，買い手市場と低価格競争の時代である。

　低価格帯への参入企業は，明確な経営理念で「低価格・高機能・高品質」モデルを研究し，「低価格で利益確保の可能な仕組み」を構築し，「新しい需要の創造に成功した企業」である。

　業態に拠る経営形態や商品の機能，価格などに差異はあるが，お値打ち感と価格戦略で顧客に支持されている。

　外食業界も低価格志向の拡大する中で，多くの業態ラインを開発し需要創造に挑戦しているが，新業種・新業態モデルを模索し，完成させた者が勝ち残っている。

　既存ホテルは業種特性から，抜本的な業態転換に限界があるが，ハード，ソ

図表7-1　ホテルのポジショニング

| A1領域 | 高料金 | A2領域 | 米国価格帯区分 |

- 独立系超高級ホテル
- 超高級ホテルチェーン
- 機能特化型ホテル
- 高級ホテルチェーン
- コミュニティホテル
- シティホテル
- 高品質ビジネスホテル
- 中級ホテルチェーン
- 上級ビジネスホテル
- 低料金ビジネスホテル
- カプセルホテル
- 低料金宿泊特化型ホテル

小規模 ← → 大規模

米国価格帯区分：
- スーパーラグジュアリー
- ラグジュアリー
- アッパーミドル
- ロワーミドル
- エコノミー
- バジェット

B1領域　低料金　B2領域

出所）作古貞義『ホテル事業論』柴田書店，2002年

フト両面でのタイムリーな，リモデリングの決断が企業の命運を分けている。既存業態を引き摺る多くのホテルは低迷を続けるが，都市圏の市場ポテンシャルを利用して，ターゲットを絞り，顧客を囲い込み，隙間である高機能高品質とタイムリーな価格戦略を使い分けるホテルは，内外資系ホテルを問わず堅調である。本章主題の，デフレ不況ニーズに焦点を絞った新業態「低価格宿泊機能特化型バジェットホテル」は，不況期こそビジネスチャンスと捉え急成長を遂げている。

　後発メリットを活かし，既存ビジネスホテルより機能面で高付加価値，低料金を差別化ポイントとして，競合の多い低価格市場への参入にもかかわらず成功した理由は，新業態＝ビジネスモデルの差別化力である（図表7-1参照）。

　自己のドメイン（生存領域）をデフレ環境に順応し，客室の広さなど競合点の少ない分野に絞り込み，差別化を打ち出した新しいビジネスモデルを掲げ市場参入に成功している。参入者は，市場に支持される商品を開発する力，売る

力，利益を確保する力をもっている。

　つまり，「低料金で期待値を上回るクオリティの提供と，利益確保のできる経営システムを開発し」さらに売り方にも挑戦して成功している。

　興味深いことは，これら新参入企業の経営者が，いずれもホテル専業プロでないことである。不況を嘆く既存ホテル・旅館は変化した市場ニーズを捉えきれず，また，高度成長期に機能した既存経営モデルを捨てきれず，多額の債務を抱えながら意識のイノベーションに遅れた。金融再編の中，倒産，身売りが続き宿泊業界の統合再編は加速している。

　不毛の15年というが，昭和期の経済成長期型ビジネスモデルからの転換に遅れた企業は，問題認識とタイムリーな構造革新への挑戦，決断，新しい付加価値づくりの競争に破れ，ファンドや買収ビジネスの投資環境を自ら作ったといわざるをえない。

　問題は，マネジメントの品質にあり，業態開発力は「経営品質」を示す尺度でもある。

(2)　業態の開発とは

　"事業を興すことは，業態を構築すること"であり，"業態開発とは事業化戦略"である。

　業態は，"経営目的を達成するための，仕組み・仕掛けの有り様"を創ることで，誰に，何を，どのような値段で，どう売るのか，どう造るのか，などの形態である。それらを継続的に，利益がとれる仕組みとして完成させることが，業態開発の目的である。

　市場の変化を的確に捉え，求めるものを，求められる価格で造り，提供する仕組みを構築することが肝要であるが，市場の期待度と自社の強みをどのように形成させるかが課題である。

　図表7－2業態開発のフロー（例）を参照して頂きたい。開発目的は，プロセスを通じて競合者との間に，どれだけの差別化を確立できるかにかかってい

図表7-2　業態開発のフロー（例）

```
1 市場予測                          2 新業態の検討
  ①市場ニーズ                        ①客層の設定
    ●社会環境変化の分析               ②顧客ニーズ，シーズの確認
    ●宿泊市場規模の調査               ③機能の種類の選択
    ●ライバル社動向調査                 ●単機能構成（宿泊特化など）
    ●業界動向調査（事態・経営技術）      ●多機能構成
  ②技術シーズ                          ●複合機能構成
    ●建築デザイン研究開発              ●価格帯の検討
    ●建築機能レベル研究開発            ●サービスレベルの検討
    ●夢，楽しさ，快適，安全性の具現化   ●ライフサイクルの検討
    ●優位性のある技術の開発
    ●環境支援技術の開発
3 事態開発の決定
  ●長期計画への組み込み  ●経営力，技術力の確認  ●資金力の確認
  ●販売力の確認  ●建設デザイナーグループの編成  ●開発組織の設置
  ●開発期間の設定  ●コストの確認  ●事業収支の確認
```

出所）作古貞義『ホテルマネジメント』柴田書店，1998年，一部修正

る。"顧客の求める低料金と，期待される生活空間の機能レベルを提供する仕組み"を完成させることにある。

　市場戦略と，自社の強み，弱みの総合力（マーケティング，技術，人材，財務，生産，組織など）を自己評価ポイントとして，経営資源の再編が求められる。

〈参入の条件〉　　　　　　　　　　…リーダーと仕組みの存在…

- ニッチ（低価格高機能）を狙う：市場を読むセンス（ニーズ・ウォンツ）
- 固定概念に捉われない経営発想：低損益分岐点（廉価・高付加価値）
- 低投資，低価格仕入れに成功　：建築投資を抑えるノウハウ（設計・発注）
- 低コスト経営システムの構築　：業態を生かすIT導入・仕組み簡素化
- 低コスト運営システムの構築　：業態を生かす労務管理・プロ不在・マニュアル
- 省力，省資源の追求　　　　　：機器導入・設計
- 社会経済環境の利用　　　　　：土地，建築費，金利の低下・景況活用

3. 業種・業態の定義

① 業種とは
Type of Industry（Business）＝何を主力に，売っているかの分類のこと。

② 業態とは
Type of Operation＝運営の仕組と方法，販売方法のこと。

営業や企業の状態・形態の他，店構え，機能構成（付帯施設，内装），プライスゾーン，なども業態を示すものである。

単純な料金とサービスグレードの分類だけで業態特性は捉えられないが，トラディショナル，コンサバティブ，トレンディといった見方，ライフスタイル別の分類などもある。

③ 業態類型（Type of Operation for Selling）

市場の変化とともに，業態の定義も移り変わる。ウォルマートの西友買収が話題になったが，これまで量販業界では，商品や客層，集荷・販売システムなど，仕組みによる商売の分類がされてきた。しかし後に管理システムの違いが重視され，単独店，支店経営，チェーン経営という業態論が主流となった。

さらに，競合時代に入り商品の価格レンジ（用途，動機，TPO）等から，ディスカウントストア，スーパーマーケット，ジェネラルマーチャンダイズ，ポピュラープライスレンジ，スペシャリティストアなどさまざまな業態店が生まれた。

この傾向は宿泊産業でも同様に，成熟した市場は個別化したニーズを生み出し，それに対応する新業態が求められる。わが国では好況期には多彩なホテルが参入したが，不況期には残念ながら観るべきものはバジェットのみであった。アメリカのホテル業界は，80年代の不況期に，企業収益の低迷する中で，新業態開発に挑み，超高級モデルから，低価格を売りとするオールスイート，バ

ジェットホテルなど，多くの新業態を市場に送り出している。その全てが市場参入に成功した訳ではないが，宿泊業プロとしての不況市場への挑戦姿勢には見習うべきものが多い。

業態論は，その時期のその市場において，どのような商売の形式に重点が置かれているかという主張であり，販売・経営の重点の違いで分けたビジネスの種類といえる。

④ 業態形成要因の分類
- 商品構成と価格ゾーン：商品と価格，品揃え
- 販売方法　　　　　　：サービス方法，売り方
- 店舗の形態　　　　　：設備・機能
- 立地　　　　　　　　：特性
- 管理システム　　　　：革新的方法

⑤ 業態開発の過程で，確認項目とされるもの
- コンセプトメーキング，それをふまえた店舗づくり，営業戦略，経営管理システム構築のプロセス（現実との差異，将来見通し）
- ビジネスモデル開発決定までのスタンス（経緯，工程表）
- コンセプトとターゲットの整合性
- コンセプト設定までの背景，根拠（立地，マーケット，企業体など，ポテンシャル評価）
- コンセプト具現化のハード・ソフトづくり（開発機器の稼動状況，予測との差異）
- 稼動予測と実態（主要客層，利用者）の評価
- 営業戦略（ターゲットへの訴求方法，収支構造，事業性）の強み，弱み
- 評価（投資効率，生産性，課題抽出）リターンの想定

図表7-3　アメリカチョイス社のブランド設定戦略

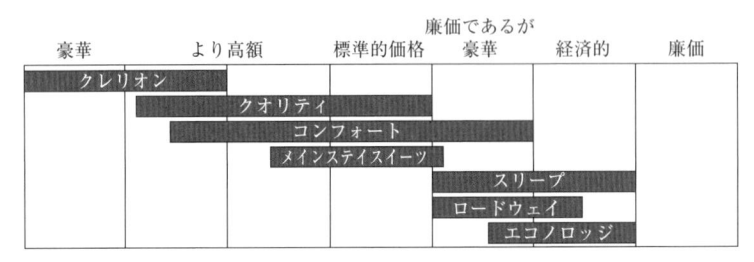

	豪華	より高額	標準的価格	廉価であるが豪華	経済的	廉価
クレリオン	■■■■■■	■■				
クオリティ		■■■■■■	■■			
コンフォート			■■■■■■	■		
メインステイスイーツ			■■■■			
スリープ				■■■■■	■	
ロードウェイ				■■■	■■	
エコノロッジ				■■	■■■	

出所）作古貞義他『新業態ホテル開発運営調査資料集』綜合ユニコム，1992年

4. 宿泊業態の多様化とブランド

　ブランドは商品選択の索引ともいわれるが，不況化において市場競争が激しくなればなるほど，企業にはブランドイメージの確立が求められる。

　業態とブランド戦略は，密接に関連するものであるが，現在ではさらに客層別にシーズ，ニーズによる細分化の方向に進んでいる。成熟市場における多様なニーズに対応する業態開発は，必然的な経営活動である。したがって，ホテルチェーンは，チョイスホテルのブランドラインのように（図表7-3参照），市場対応のために多くの業態ラインをもつようになった。

　国際的アライアンスや企業買収が進み，ホテルチェーンも結果として複数業態のブランドを保有するが，業態ラインの拡大は業態のライフサイクルに影響を与えている。

　提携，買収，合併によるホテル再編成時代を迎え，既存業態のスクラップ・アンド・ビルドとともに，業態開発力が企業の命運を分けている。

　ホテル業界においても，外資をはじめいくつかの業態が参入してきたが，現時点では業態差異だけで，成果・経営効率の評価はできない。

　業態差は，ターゲット，経営，管理，運営コンセプトの差異で示される。

- デザイン機能を特化させたホテル
- 高級化志向を特化させたホテル

- コミュニティ対応機能を特化させたホテル
- 都市再開発・複合機能型ホテル
- レジデンシャル機能特化ホテル
- ビジネストリップ対応型ホテル
- 各種会議・会員機能特化ホテル
- 娯楽・保養機能特化ホテル
- 低価格宿泊機能特化型ホテル，など

5. 宿泊特化業態の「ビジネスモデル」

(1) 基本的要件

　低価格をセールスポイントとする宿泊特化型ホテルは，低価格と品質レベルという相反する条件を克服した業態である。コアの魅力確立と，リミテッドサービスの設定によって，付加価値を創造し，既存のビジネスホテルと明確な差別化を図っている。しかし，低価格だけに収入絶対額は低く，その中で所望粗利益を多く出せる商品計画と，運営管理システムの開発が事業成立の条件である。

　この分野に参入している企業の多くは，それらのビジネスモデルを構築している。「低価格でお値打ち感＝コアのクオリティ厳守」を可能にしたところに，この業態の競争力の根源が存在する。

(2) 業態を成立させる前提条件

- 初期投資を低く……………………（ハードウェア系）抑える
　　ローコスト建築，設備，運転効率⇔経営理念，建築・設備設計の品質
- 売上額・売場効率を高める……（ハード・ソフトウェア系）
　　効率追求⇒客室，ベッド数，レンタブル比⇔経営方針・サービスの設計品質
- 運営経費を低く抑える…………（ソフトウェア系）
　　ローコスト運営，人件費，他諸費用削減⇔運営・販売方針，管理技術の品質

低価格で付加価値の高い商品を売り，所望利益を確保するには，経営の仕組み，すなわち，ニュービジネスモデルを構築しなければならない。

競争市場ではこの仕組みを完成させた企業が市場参入を認められるが，参入企業はいずれもその条件を満たす自社モデルを確立している。

「ビジネスモデル特許」とは，情報技術（IT）を使った新たな事業のアイデアを対象とする特許のことで，近年，急速に出願件数が増している。ソフトウェア技術が革新的でなくとも，収益に貢献する経営のアイデアが新しい場合は，特許が認められる例もある。

キーシステム，精算システム，顧客管理システム等は，今日の宿泊特化型ホテルの標準的オペレーションシステムとして位置づけられるが，これらも特許の対象になっている。

しかし，この業態を成立させる最も重要な基本条件は，上記の構成要件を総合化する経営システムの品質管理であるが，バラツキが見える。

新業態としての定着には，初期トラブルをいかに的確にフォローし，ハード，ソフトの完成度を高められるか，その総合的経営品質の向上努力が求められている。

(3) 宿泊特化型ホテルの定義

「低価格を訴求力とした，宿泊機能に特化した省力型ホテル」と定義される。

① 新業態としての特徴と前提

- 企業に，「経営理念が存在し，理念を具現化するための経営方針，経営数値達成の仕組みと管理運営ノウハウと，人財」が求められる。
- 事業の成立条件，「顧客の期待値を上回る，コアの品質機能を備えた客室を超低価格で販売できる仕組み」の完成。
- 経営システム，「顧客の支持を受ける低価格（一般期待値より低く），求められる機能（安全，安眠，快適性）を備えた客室とサービス（必要最小限

度であるが高品質）を提供し，所望利益を確保できる経営の仕組み」すなわち，コアの品質と低価格を守り，利益を取るという相反する条件を包含するビジネスモデルの構築。

② モデル構築の要件

　　　　　　　　　　　　　　　　　　　　　実現させるノウハウ
ⓐ 初期投資をどこまで低く抑えられるか　　⇒低イニシャルコスト
ⓑ 運営管理費は低く，管理可能費化できるか　⇒低ランニングコスト
ⓒ 売場効率の高いホテル設計は可能か　　　⇒高実収率，高レンタブル比性能

デフレ景況とは，低価格の競争市況下の，買い手市場である。

インフレ型の経済成長期には，経営力が弱くても，値上げによる収益拡大が可能であり，過半の経営問題は露呈せず済んだ。

しかし，売り手市場で値上げメリットを享受できた時代は去り，今の景況は低価格で売っても，利益確保のできる仕組みをもつものが市場優位を占めている。

宿泊機能特化ホテルの成立条件は，市場のシーズ（潜在需要）・ニーズ（顕在需要）を読みとり，それに応えられるビジネスモデルを構築できるか否かにかかっている。

ⓐは，ホテルの不動産業的性格から，事業成立条件は収入限度額と投資総額のバランスで決まるということである。投資総額の過半が建築投資であることから，「投資効率＝建築効率」ともいえるので，建築効率の追求が事業投資の安定性に結ぶ。

収入限界は，実質室料×客室稼動率×365日＝年間売上であり，経費構造も比較的単純で，キャッシュフローの率と額で収益性が評価される。よって，ROEとROIも売上に見合う建設投資＝仕入ができるかにかかることになる。

ⓑは人件費を筆頭に諸経費，消耗品管理＝「ローコスト・オペレーションの仕組み」構築である。資本回転の低い業態であるホテル業は，ランニングコス

トの低減が利益に直結する。MH（マンアワー）管理，諸経費，消耗品管理とともに，省力化・省資源化で運営可能なシステムの設計品質が問われている。

ⓒはⓐと同様，投資効率は建築効率＝売場効率に連動するので「売場効率＝レンタブル比」を高める努力。さらに実収率を高めるには，客室数と収容能力（ベッド数）とともに，デザインや居住性能など，商品力＝付加価値を高める設計品質が期待される。

③　宿泊特化型ホテルのハード・ソフトの一般的特徴
　ハードウェア……低投下資本＆効率性─安全性，快適性の追求
- 客室面積は従来のビジネスホテルより広く，居住性が高い
- ２人利用，ファミリー用など，顧客対応とともに収入増の仕組みをもつ
- マンション仕様，分離発注，海外調達等で低コスト化，空調等・設備設計の工夫
- 建築費１坪当たり40〜50万円が目安（売上・室料と相関関係の確認）
- レンタブル比65〜70％を目標に，宿泊機能のみに絞り単機能メリット追求
- 省エネ，省資源対応
- 省力運営管理システム構築，機械化（チェックイン・アウト，キーシステム）等導入
- ローコスト建築ノウハウの構築・開発保有

ソフトウェア＆ヒューマンウェア……ローコスト・オペレーション＆付加価値追求
- 低価格志向（サービス料なし，税込みの料金設定が通常）
- 収入の主体は宿泊料金
- 省力化⇔機器およびITの運営ソフト構築
- 人員削減，最下限のMH（マンアワー）管理システム，作業効率化マニュアル，訓練
- アウトソーシングの活用

- 顧客囲い込み，IT等，販促戦略の仕組み構築
- 店舗展開，FC指向を目指す
- FB（料飲）施設を保有せず（労働集約業態の排除）
- 朝食無料サービス（コックレス・セルフ）など

　新規参入企業群には，試行錯誤の中でビジネスモデルのリフォームを進める会社と，展開に追われる会社が見えている。

　急速な参入状況が続けば，遠からずニッチは埋まり，新業態同士の競争も厳しくなる。装置産業としての事業特性から収益性を見れば，安いだけの，長持ちしない商品＝建築設備は致命的な欠陥となる。

　経年劣化が最大の敵であるホテル業にとって，建設計画の品質管理は課題であるが，総合的な経営活動の品質の視点から業態を捉える必要がある。業態の継続的なリフォームを続ける企業か，遅れた企業かの差異が存続の争点となろう。

6. 低価格業態のキーポイント――低価格設定の基本条件

(1) 低価格時代の競争力と商品力

　「低価格競争」と「値引き」競争は異質のものである。

　低価格競争とは，所定利益を確保した上でその販売競争に耐える経営体質を備え，商品設計，生産システムの構築が完了した後に低価格戦略商品を打ち出すことである。

　値引き競争とは，商品コストがすでに固定しているものを安く売ることであるから，本来得られるはずの利益を減らす販売競争であり，利益確保システムが働かないものは商行為といえない。

　商取引は顧客にとって，欲求充足のプロデュースを受ける場である。経営側は顧客の欲求に基づく商品・サービスを買わせる，使わせる場ではなく，利用情報提供の場と考えるべきである。繁盛店は，贅沢，納得，エキサイティング

といわれる昨今，顧客は，なるほどと思わせ，納得・安心させて欲しいのに，売り手はどれだけ期待に応えられているか，その満足度を測定・評価をしているか。今日の経済環境では顧客満足情報に限らず，全社的な経営情報収集・分析の仕組みがなければ対応に遅れ市場競争に敗れる。

① 低価格戦略における留意点
- 安売り合戦は浮動客づくり競争，したがって勝利者はいない
- 営業目的は粗利額の確保にあり，BEP（損益分岐点）は下げられたか
- 低価格戦略の目的は明確か，戦略としてのドメイン（生存領域）の確認は
- 継続する場合のメリットはデメリットをカバーして余りあるのか
- 商品の付加価値は競争店を十分に超えているか，しかしサプライズは慢性化する
- 売価の検証は完了しているか，利益源泉の確認は完全か
- 来店客のリピーター化と頻度向上策，関連販売策は稼動しているのか
- 低価格戦略は新規客層を広げ，稼動率を上げる仕掛けでありたいが，機能しているか

価格競争が激しくなると，差別化を武器とするために，改めて経営全体の総合的品質が問われる。デフレ基調では特に，安くてどれだけ良い品質・サービスを提供できるかが重要であり，安くて魅力があり良いものが売れる。したがって，価格と品質は一体のものとして検討されるべきものである。

② 低価格を出せる3条件
- 魅力ある商品づくり　　　　　　　　　：ローコスト＋コアの魅力
- 客数＝稼動率増⇒売上げ確保（販売力，適正資本回転率）
　　　　　　　　　　　　　　　　　　　：商品力＝お値打ち感の確立
- 利益額確保＝低BEP（損益分岐点）体質構築：ローコストオペの確立

安さ＝お値打ち感の訴求を，何で構築するか，魅力は何で創れるか，経営理念・方針の問題であるが，仮説を立てて検証することの連続が解答をみせてくれる。

　その商品・サービスを競争力のある価格で「つくる仕組み」「売る仕組み」「利益確保の仕組み」を構築することは手段であり，目的はそこに顧客満足という付加価値を創り出すことである。この知恵と能力こそ経営者に求められるものである。

　低価格設定とは，「安い」ではなく，泊まりたくなる，使いたくなる，安心感，値頃感，お値打ち感を基軸に，顧客に喜んでもらえる仕組みとして，構築されるべきものである。

(2)　価格競争力の確認事項

　デフレ環境は，価格競争をより厳しいものにする時代であり，競争力確保が重点課題である。

- 価格競争の勝利者として生き残る競争力は
- 値下げ（低価格）の目的は何か，明確なポリシーは
- 価格競争を意味なく，繰り返していないか
- 低価格の前提は粗利確保とローコストの徹底にあるが，その仕組みは
- 安くするより付加価値を高め，満足度を高める努力は
- 価格設定は，原価＋利益＝売値の時代から，売価－利益＝原価の時代認識は
- 商品価値（品質および感性）＋提供価格（機能幅・サービス）≒お値打ち感の形成は
- 競争力の高い，強い魅力，お値打ち感は形成されたか

　これらは市場で検討されるべき事象であるが，成長企業はすでに過半を完成させている。

(3) 価格設定の留意事項

価格設定は，経営戦略における重要な意思決定のひとつである。

主要企業の多くが赤字基調のもとで過当競争に走り，売価を定価の70～80%に低下させ，さらに経営を圧迫する悪循環を自らつくり出しているが，価格設定の課題は何か。

- 戦略なき価格競争は浮動客の製造競争である。自社にとって低価格競争の戦略目的は何か（戦略戦術設定と論理の整合）
- 安売りは初期シェア変動を起す効果を示すが，他社追随が始まれば平準化してしまう（利益確保の仕組みと競争力）
- 単価下降分だけ売上げは下がる⇒減収，粗利も，減少⇒減益に（労働生産性向上とランニングコスト管理，稼動率向上）

対象顧客のニーズと設定価格の整合性によって，価格競争力は確立される。ホテル業界も減収，減益対応で苦戦を続けてきたが，素早い対応で経営収支を改善した企業も多く，経営能力の較差をみせている。市場における自社の位置と競合店の検証のもとで経営戦略の整合性を確認したい。

7. おわりに

(1) ビジネスモデルのリノベーションは経営の宿命

急成長のバジェットホテルは，デフレ環境を追い風に競争力の弱い既存ビジネスホテルやシティホテルの需給を吸収して急成長している。これは，既存需要のシフトや吸収ではなく，既存ホテルが怠っていた新しいホテル需要・客層の新規創造の役割も果たしたとして，評価されるべきである。

しかし，全てに寿命があるように，企業にも機構にも新陳代謝はあり，青年期，成長，成熟，衰退のサイクルとともに，経営者はその時点での最適対応を迫られる。

経営者はいつの時代も，節目節目の現況をマクロ・ミクロに捉え，将来を予

測し，その時の適切な対応を問われ続ける。

　今，展開を進めている企業に共通するものは，トップの強烈なリーダーシップと，柔軟な発想と，挑戦する意欲である。評価すべきは，既存ビジネスホテルよりさらに低価格帯の領域という，ニッチを見事に捉えた見識であろう。

　新業態宿泊特化型ホテルの成立条件は前述したが，同一業態の中でも経営理念，建築・設備・設計性能，デザイン，サービスレベル，運営管理の仕組みなど，提供する商品価値にはそれぞれの企業差異が出始めている。

　近い将来，顧客に選んでもらえた企業と退場する企業は，市場が証明してくれるであろう。ニュービジネスは顧客との共同作業で，市場に市民権を与えられる。

　ローコスト業態の宿命でもあるが，物理的，経済的な価値の陳腐化速度への対応，ソフトウェア品質のレベル管理，運営管理の継続的リノベーションノウハウが求められている。このハードルを乗り越える企業のみが，市場に存続を認められる。

⑵　業態価値を持続するハードル＝ビジネスモデルの品質向上・リノベーションポイント

　企業の現況によって，重要度，緊急度は異なるが対応の共通項は以下の事項である。

- 建築設備の耐用年数向上　　：再投資額節減・商品価値の劣化管理
- 省力化とサービス向上　　　：応対局面の質的向上・サービス品質管理
- 本部機構の管理能力向上　　：店規模に比例する管理技術開発・経営の品質管理
- 販促強化とリピート率向上　：販売網効率化・情報管理・稼働率維持・価格硬直性
- 教育訓練強化と人材育成　　：人財・コンピテンシー・インセンティブ管理・労働生産性

- 資金調達と財務基盤強化　：収益実績・ノウハウ開発・低BEP管理
- 危機管理力向上　　　　　：防災防犯・衛生・環境・バリアフリー・PL法対応
- 企業文化の形成　　　　　：4者満足（顧客，株主，従業員，社会）理念構築

　宿泊特化型低価格ホテルは，平成不況という経済環境を的確に捉えて，ホテル業界が対応に遅れていた市場領域に見事に生存領域を確保した。

　日本のホテル業界におけるエポックメーキングな事実であるが，参入速度が速いために早くも既存ホテルとだけではなく，新業態同士の競合も起きている。ホテル業界は，超高級から機能特化まで多様な業態ラインの中で，スクラップ・アンド・ビルドが進み，実力の真価を問われる現況にある。

　望まれることは，コンビニ弁当が外食産業と競合するように，同業種，同業態を超えた需要創造競争を視野に入れた事業戦略の構築である。

　宿泊事業は人間の生活の次元を扱う仕事でもあるため，ハード・ソフト面で後発の模倣，追従は比較的に容易である。

　市場成熟度で異なるが，参入第2段階では差別化のコア（核）はソフト＆ヒューマンファクターに移ることが予測される。成長とは既存モデルが旧モデルになることであり，今日のニュービジネスは明日のオールドビジネスである。さまざまな分野で生き残りをかけた競争は続くが，経済環境の激変期こそ，新業態の出現が最も期待される環境である。

　しかしながら，新業態の参入には社会的責任が伴う。昨今の一部の事業者の不祥事が業界全体のイメージに大きな影響を与えたことを銘記すべきである。

　イノベーターとして登場した宿泊機能特化ホテルの開発企業は，新業態のリノベーションを継続し，さらに付加価値を高め，ライフサイクルをより長く維持し，日本のホテル業界史に残る新しい業態づくりに挑戦し続けていただきたい。

第8章

外資系ホテルの出店戦略
〈ザ・リッツ・カールトン・モデル〉

株式会社阪神ホテルシステムズ
(ザ・リッツ・カールトン大阪) 代表取締役社長 飯塚義昭

概　要

　阪神電鉄が開発した「阪神西梅田開発第1期計画」の超高層複合ビル（ハービスOSAKA）の中核施設として，世界的なラグジュアリーホテル「ザ・リッツ・カールトン大阪（RCO）」（客室292室）がわが国進出第1号店として1997年5月23日に大阪・西梅田に開業した。筆者は，開業にさかのぼること約13年前より，阪神電鉄の開発チームにより計画検討を開始，ホテル運営会社である「ザ・リッツ・カールトン・ホテル・カンパニーL.L.C.（RCHCLLC）本社」との運営委託契約交渉，開業準備，そしてその後のホテル運営を通して，「ザ・リッツ・カールトン・ホテル（RCH）」の出店戦略，ホテル経営哲学にふれることとなった。

　RCHはアメリカにおいて，1992年，1999年の2度にわたり「マルコム・ボルドリッジ国家品質管理賞」を受賞，そのホテル経営哲学とサービスの品質管理，顧客満足，従業員満足に対する取り組み姿勢についてはホテル業界のみならず広く一般企業，近年では，市民にサービスを提供する行政側からも注目されてきている。

　以下，ザ・リッツ・カールトンの「ホテル経営哲学」や「運営における取り組み姿勢とその考え方」のいくつかについてまとめた。

1. 阪神西梅田第1期計画（ハービスOSAKA）へのラグジュアリーホテル導入の経緯

　1990年5月に開発の先進事例調査のためアメリカジョージア州・アトランタのRCH本社を訪問する機会をえた。現在はワシントンDCに近いメリーランド州チェビィ・チェイスにその本社を移しており，全世界に59ヵ所，約20,000室を運営するラグジュアリーホテルとなっているが，当時はまだ北米を中心に8ヵ所，約3,000室規模のホテルチェーンであった。

　RCHはその当時からすでにアメリカにおける人気度NO.1ホテルとして高く評価されて，ホテル出店計画を各都市で具体化しつつあり，RCH本社訪問では，伸び盛りの中小企業的雰囲気でやる気が充満した組織風土に強い感銘を受けた。

　「ハービスOSAKA」の超高層複合ビル開発では，「世界水準の街づくり」を目指し，また阪神電鉄が2005年に営業開始100周年を迎えることから，阪神グループの一大プロジェクトとし，「21世紀を見据えた開発計画」という位置づけで検討され，本物への希求は今後ますます強まっていくとの考えのもと，開発にラグジュアリーホテルを組み入れることとなった。

　ホテルの運営会社選びにあたっては，各社から提案された収支比較の検討のほか，会社の経営方針や経営者のホテル事業に取り組む姿勢，長期的に良好な関係が維持できるかなど，内外の専門家との調査・検討を行い，21世紀はラグジュアリーホテルの時代，「ザ・リッツ・カールトン」の時代との確信をもつに至った。特に，「18世紀英国のカントリーハウスの邸宅をイメージしたインテリア，優雅で落ち着いた雰囲気，心からのおもてなしを楽しんでいただけるホテル」であること，「今までお客様が体験されたことのないホテル」「末永く評価していただけるホテル」を目指した。

　そして開発する建物内にRCHが存在することで，世界的な高級ブランドが商業施設に出店することに魅力を感じ，オフィスをかまえる企業のイメージ

アップにもつながるなど，すでにアメリカにおける複合開発においてRCHがはたしてきた役割をここ大阪・西梅田でも実現したいと考えた。

街づくり観点からは，ホテルが24時間人の息吹を感じさせる施設として街を活性化させる役割を担い，来館する顧客が醸し出す雰囲気がそれぞれの施設に相乗効果をもたらし，また互いにそれを享受できるとの判断を下した。

当時のRCHの認知度は，すでにわが国に進出している外資系ホテルチェーンに較べて低いとの調査結果を得ていたが，低い認知度ながら，ラグジュアリーホテルとしての「ザ・リッツ・カールトン」を知る人は，こよなくこのホテルを愛し，ロイヤリティの高いリピーター客となって，「お気に入りのホテル」としていることもわかってきた。

2．アメリカにおける「ラグジュアリーホテル」の台頭

1980年代は，アメリカにおいては，女性経営者をはじめ「企業のエグゼクティブ」がビジネスのため以前にもまして国内の各都市を訪れたため，高級ビジネス客の会議・宿泊利用など，新しいホテルニーズが顕在化しはじめた時代であった。

これらの利用客にとって大型のホテルで，コンベンション，インセンティブなどのグループ客と混じって滞在することが必ずしも快適ではなく，個客として，むしろ目が行き届いたサービスを提供されるホテルにより快適さを感じはじめた。このような顧客ニーズを満たすホテルとして新たに中規模の「ラグジュアリーホテル」の出現が促されることとなった。

このような「ラグジュアリーホテル」では，顧客は個人として温かく迎え入れられ，特別な対応を必要とするときは，個別に，親身になって対応され，会社にいる時と同じように，旅先でのきめ細かいパーソナルなサービスを期待でき，かけがえのない人材である「トップ・エグゼクティブ」を送り出す企業側の安心感，プレステージの維持ができるホテルとして，その役割，価値が評価

されることとなった。このような新たなホテルニーズはここ10～20年の間に，特にアメリカを中心に急速に顕在化してきている。

3. ザ・リッツ・カールトン・ホテル（RCH）の歴史

　アメリカにおける「ザ・リッツ・カールトン・ホテル（RCH）」の歴史は，1927年，ボストンの第1号店から始まった。現在のRCHの展開において，全ての面でこのボストンが基準となっている。ホテルとしての「リッツ」のルーツはいうまでもなく，1896年にパリのヴァンドーム広場に開業した「ホテル・リッツ」である。これらラグジュアリーホテルをヨーロッパの各都市に展開したのがホテル王といわれたセザール・リッツ（1850～1918年）であり，彼は，今日のラグジュアリーホテルの基礎を築き，ホテル・ホスピタリティ業界における歴史において，最も進歩的でかつ革新家として評価されている。ゲストが「自宅にいるような暖かい雰囲気を味わえるこぢんまりしたロビー空間」「全室にバスルームを設置」「ダイニングルームの従来の伝統を破る改革」など，後に世界中のホテルが取り入れることとなった新しいスタンダードを次々に生み出し，顧客の変化を敏感に読みとり，料理の天才といわれたジョルジュ・オーギュスト・エスコフィエとともに，ヨーロッパの各都市にホテルを展開してきたことで知られている。

　1983年には，ジョージア州アトランタに本社をおく不動産会社（W.B.ジョンソン・プロパティ社）がアメリカ国内第1号のRCボストンを買収し，既存の「リッツ」のある都市をのぞく，それ以外の地域で「ザ・リッツ・カールトン」名でホテルを展開する名称使用権を得て，1984年にはジョージア州アトランタのRCHをはじめ，北米を中心にホテルチェーンの展開を開始している。そこではセザール・リッツが行ったホテルにおける革新という歴史，そのホテル哲学を踏襲しながらも，そこに再び新しい命を吹き込み，ラグジュアリーホテルとしてのコンセプトを再構築し，アメリカ国内で「ザ・リッツ・カールトン」

という花を再び咲かせはじめることとなった。そこでは顧客によりパーソナルなサービスを提供し，特別仕様の客室フロア（例：クラブフロア，クラブラウンジ，クラブ・コンシェルジュなど）を設け「巨大で，圧倒するような空間ではなく，ゲスト一人ひとりを中心とする一連の居住空間を提供し，質の高い素材，美しい色彩を取り入れた伝統的デザインと高級家具を備えたインテリアと質の高いサービス」を融合させた独自のホテル経営哲学が高く評価され，脚光を浴びて今日に至っている。

4．ザ・リッツ・カールトン・ホテル（RCH）の特徴

(1) 運営面の特徴

① クレド（信条）

お客様にどのように対処すべきかを具体的に示す名刺判のカードに書かれたクレドは，RCHの社長をはじめ，第一線の従業員に至るまで世界中の従業員が常に肌身離さず携行し，これを毎日仕事を始める前の「ラインナップ」と呼ばれる朝礼，夕礼時に，本社の役員は役員室の廊下で，出張先のRCHで365日，毎日きめられたテーマで，繰り返し繰り返し勉強しているものである。この「クレド」は，「お客様はどういうホテルであって欲しいのか」という視点からまとめられ，RCHにとり「方位磁石」の役割を担うものである。クレドは上意下達で学ぶのではなく，ラインナップに参加したそれぞれが自らの経験を通して自分の考えや意見を述べることで，会社の揺るぎない価値観，哲学，そして期待を理解し，目指すべき方向に全員を収斂させている。互いに共通の価値観，土俵をつくりあげることで，自ずと共通の判断基準が一人ひとりの中に醸成されていく。

② モットー

「We are Ladies and Gentlemen Serving Ladies and Gentlemen＝紳士淑女

をおもてなしする私どもも紳士淑女です」という言葉がある。お客様（外部顧客）とスタッフは常に意識の上で対等であり，お客様に対し常にプロフェッショナルとして自ら日々研鑽し，高めることが求められている。

そして働く職場の仲間同士，上司と部下，外部の協力先企業との関係も内部顧客（インターナル・カスタマーズ）として，お客様に対応するのとまったく同じように，互いに信頼と尊敬をもって紳士淑女としての対応を求めている。

③　20ベーシック

RCHのホテル哲学をどのように行動に移すべきかを具体的に示したもので，20の項目からなる。

例：「お客様の問題解決」の場合

「クレド」で培われたRCHの共通の価値観，向かっていくべき方向についての一貫性をもとに，お客様の問題解決にあたっては「問題を自分のものとして受けとめ」，他部門の問題も，「自らお客様が満足されるように対応し，そしてそれを解決し記録する」（ベーシック13番），スタッフもマネージャーも同じく「自ら判断して行動する力（エンパワーメント）が与えられている」（ベーシック10番），お客様に対応している従業員を仲間が，上司が，そして会社が100％サポートすることも約束されている。

④　逆さピラミッドの組織

通常多くの企業でも見られるように，ピラミッドの頂点に位置する経営トップは，この場合，一番底辺に位置する逆さピラミッドで，一番頂点に位置するのは日々お客様に接している第一線の従業員であり，「お客さまが我々のホテルに何を求めているのか」を日々感じている従業員の考えを汲み上げ実現していくのが中間管理者であり，それを最終的に支えるのが経営トップであるという考えに基づいている。

⑤　クオリティ・セレクション・プロセス（QSP：Quality Selection Process）

人材採用時の手法で，人は雇うのでなく，採用にあたっては，「人を選ぶ」という考え方で，応募者にQSPという面接を行っている。

個人の素質（タレント）についての11のチェック項目（職業倫理，自尊心，説得力，関係拡大能力，互いに協力しあえる能力，積極性，サービス，共感性，気配り，正確さ，向学心）をそれぞれ評価しグラフ化している。求めるポジションに最適な素質をもった人材を選ぶため，それぞれの業務において最も成功している人材を選び出し，外部機関と協力してその人物像を徹底的に分析し，その職務で最も成功している人物と同じ考え，行動パターンをもった人材をこのQSPで見つけ出すことで，短期間に素晴らしい成果を上げられ，RCHが目指す価値観を共有できる人材を選び出し育てあげるための手法である。これにより人材の定着率そのものを高めることにもなる。求められる人材のイメージは，「RCHの価値観に共感できる人」「フレンドリーでいつも人に親切な人」「心を込めておもてなしができる人」「人の喜びを自らの喜びとして受けとめられる人」「相手の立場に立って何をすべきかを考えられる人」である。

したがって採用時には，まずその人の学歴や業務経験よりもその人の「人となりそのもの」を見つけ出す「QSP」の結果が全てに優先される。

この面接におけるもうひとつの特徴は，採用に至らなくても，応募者に「リッツ・カールトンは私のことを一生懸命理解しようとしてくれた」との印象をもっていただくことで，RCHというホテルのイメージ，コミュニティに対してよりよい印象をつくりあげることである。

また面接（QSP）を行う担当者もその適正について，毎年本社の行う再認定試験を受けることになっている。

⑥　コミットメント・トゥ・クオリティ（Commitment to Quality）

これは毎日出される社報で「クレド」，「ベーシック20」が日替わりで掲載され，全世界で共通の内容となっている。そこにはお客様とのエピソードやお客

様からのコメントも掲載され，1日の10～15分，ラインナップの場でその日のリーダーにより解説され，参加者はそれぞれの考えを互いに述べあうことになっている。

例えば，コミュニケーションという話題が取り上げられた日は，「言葉を通して理解できるのはたった7％に過ぎないこと。残りの38％はその人の話し声，そして残りの55％はその話し手の印象に影響される」というような例を取り上げ，言葉によらないコミュニケーションがいかに重要であるか，お客様は「あなたの温かいお出迎えの言葉の前から，あなたの印象を既に形づくっておられる」という話を引用し，身だしなみに誇りをもち，細心の注意を払うことの大切さなどを話し合っていく。

⑦　クオリティ・リーダー

サービスの品質管理の推進役というべき仕事でRCHの特徴ある部署のひとつである。トータル・クオリティ・マネージメントの手順，手法を用い，各部門からプロジェクトチームのメンバーを選択し問題を解決する権限が与えられ，通常6～8人からなるチームを編成して，問題点を抽出，解決を図っていく。

⑧　ラテラル・サービス（Lateral Service）

ベーシック9番にあるように，部署にこだわらない横断的，側面からの支援・協力を意味するこの言葉は，部門の枠を取り去り，社内のお客様であれ，社外のお客様であれ，自らの部署にこだわらずお客様に対応することを奨励している。こうすることで，迅速なお客さまへの対応・サービスを行い，協力的な職場環境と仕事の効率性を生み出し，全社的に協力的チームがつくられていく。

このためには日頃から，「クロス・トレーニング」と呼ばれるホテル内の他部署への研修機会が与えられ，一日のうち一定の時間，他部署のスキルを学ぶ。この経験は「ラテラル・サービス」を行う場合に役立ち，他部門とのチームワークも自然と形成され，また本人が気づいていない潜在能力を別の上司によ

り見い出される機会ともなる。

　この「ラテラル・サービス」最大の効果は，人を助けることによって得られる従業員の満足感，仕事をする仲間同士の強い絆の形成である。

　このようにして，他部門より助けられたチームからは，助けた相手部署に対し「ファースト・クラス」と呼ばれる感謝の気持ちをあらわした「はがき大の感謝レター」が手渡され，同じ内容のものが人事部に届けられ，他の従業員にもその内容が認知されるように従業員食堂にも掲示される。このことでチーム同士の士気が向上し，プロフェッショナルとしての意識がより高まることとなる。

⑵　ハード面の特徴

① 非常灯以外には，お客様が目にするスペースには白熱灯を使用，ダウンライトも原則として客用スペースでは用いない

　これはセザール・リッツの時代から，ご婦人方をいかに美しく見せるかということに工夫を凝らしてきたRCHの歴史があり，照明にも革新を行った伝統を踏襲している。

② 従業員用ペースと客用スペースの間に必ず「付室」をもうける

　客用スペース，従業員スペースそれぞれから音漏れがないようにし，「付室」のドアノブも客用スペースに入るドアには真鍮製ノブを，バック部門に戻る入口扉のノブにはクロームメッキのノブを用いることで，隣接する区画の用途がノブを見ただけで自然とわかるようにしている。客用スペースのドアノブを回すときには，役者が舞台にあがる時のように，気持ちを切り替え，緊張感をもてるようにしている。

③ 正面玄関など入口ドアに自動ドアをもうけない

　「個人の住まいに，主人の大切なお客様をお迎えする」というRCHのコンセプトでドアパーソン（ドアマン）が来客を暖かくお出迎えご挨拶するとともに

ドアを手動でお開けする。この場面で自然とお客様との目線を会わせ，心からの歓迎の気持ちをお伝えする，ホテルとお客様との最初の接点を常に大切にしたいとの考えからである。

④　ホテル館内の案内表示は最小限度にしている

「お客様にホテル内の場所をご案内するときには，ただ指さすのではなく，その場まで，お客様をエスコートします」（ベーシック16番）。ご案内の間に，お客様にご来館の目的をお尋ねしたり，館内のご案内をし，お客様が再度喜んでホテルにご来館いただけるよう，楽しい会話を交わすよう心がけている。

⑤　1階のロビーには集中して充実した投資を行う

家具，照明，絵画，絨毯，置物など本物を常に用い，優雅な「ザ・リッツ・カールトンらしい雰囲気」を楽しんでいただけるよう，贅を尽くし，ロビーに一歩足をふみ入れた瞬間からお客様が感じられる印象と感動をそのままずっと持ち続けて頂こうとの考えである。

⑥　客室の廊下の絨毯は全世界RCH共通の色柄の物を用いる

お客様が客室階のエレベーターのドアが開いた瞬間に目にする絨毯はいつも，どの都市のRCHに泊まっていただいても，常に同じ絨毯がお客様をお迎えする。RCHに泊まったときはいつもわが家に帰ったように，ホッとした安堵感と暖かい歓迎の意を自然と感じて頂けるように演出されている。

⑦　玄関の入口スロープの工夫

ホテルの玄関がいきなり道路から見えるのでなく，お客様がこれからはじまるホテルに対する期待と心の高まりを心理的に演出するよう，カーブやスロープの傾斜について工夫を凝らしている。

これらハードとソフトの両面の巧みな融合がお客様から「いつRCHにいっ

ても何か新しい経験や感動がある魅力あるホテル」との評価をいただけているゆえんでもある。

(3) RCHが受賞した「マルコム・ボルドリッジ国家品質管理賞」について

　1988年に創設されたアメリカの品質管理賞で，RCHは1992年と1999年の2度の受賞という栄誉に浴している。この賞は，70年後半から80年代にかけて日本に品質管理面で後れをとったと気づいたアメリカの政府と民間企業そして研究機関の3者が一体となって日本に対抗すべく，アメリカ産業復活の役割を担う賞として誕生させている。

　RCHにおいては3年間で述べ1,000人以上の選考委員が各地のRCHを訪れ従業員インタビューを行った。その選考委員がインタビューを終えてホテルを去るとき，涙を流して感動されたとの逸話が今も伝えられている。トップから第一線まで，まったく一枚岩で「ホテルの経営哲学」を語り，しかもそれを日々実践していることに対する驚きと感動のためであったといわれている。

　RCHはこの賞をホテル企業としては初めて，しかも2度受賞したのである。この受賞者には，「賞のシンボルマーク」を向こう5年間の使用が許されるが，唯一の義務は，受賞に挑戦する他の企業に対して受賞者が今までやってきたことを100％開示することとなっている。

参考文献
「ＲＣＨの経営品質に学ぶ」『ホテル・レビュー』日本ホテル協会，1998年
日経ＢＰ社「旅名人」編集部編，井上理江文，藤塚晴夫写真『リッツ・カールトン
　物語』日経ＢＰ社，2000年

第9章

宿泊産業におけるITマーケティングの課題

株式会社ホテル京急 ホテルパシフィック東京
取締役副総支配人 玉 井 和 博

概 要

　本章では，マーケット（顧客）とのコミュニケーション手段としてますますウェートの高まるITツールと宿泊産業との関係を，サービスマーケティングの基本テーマである「異なる価値をもつ顧客に対し，期待されるサービスをいかにリアルタイムに提供し利益の最大化を図るか」という視点で考察する。第1節では，カテゴリー分化する宿泊産業をサービスマーケティングとインターネットの観点から，第2節では，データベースマーケティングの必要性とホテルマーケティングでの活用事例の一部を，そして，第3節ではITマーケティングとサービスマインドについて解説する。

1. 宿泊産業のマーケティング概念

(1) サービスマーケティングとホテルカテゴリー

　近年のITの技術革新と急速な進歩は，経済のグローバル化に大きな役割を果たしている。宿泊産業にとっても「情報手段の飛躍的発展」により，各施設・サービスに対する顧客の要求内容・レベル・タイミング等が大きく変化し，「ホテルだから！」という一言で括ることのできない時代となっている。今後ますます細分化するであろうホテルカテゴリーの各施設にとっては，それぞれのカテゴリーが提供すべき商品・サービス・システムを，多様化した顧客の要求に対しどのように「個別適応」させるか，またそのためにどのようなシステ

ムを構築せねばならぬかが重要なポイントとなる。そして，このカテゴリー区分をもとに多岐にわたるマーケティング対象範囲の中でも特に投資比率が高くなりがちなITマーケティングに対して「何を優先し何をなすべきか（やらないことも含め）」いわゆる「選択と集中」が大きな課題となる（図表9-1参照）。

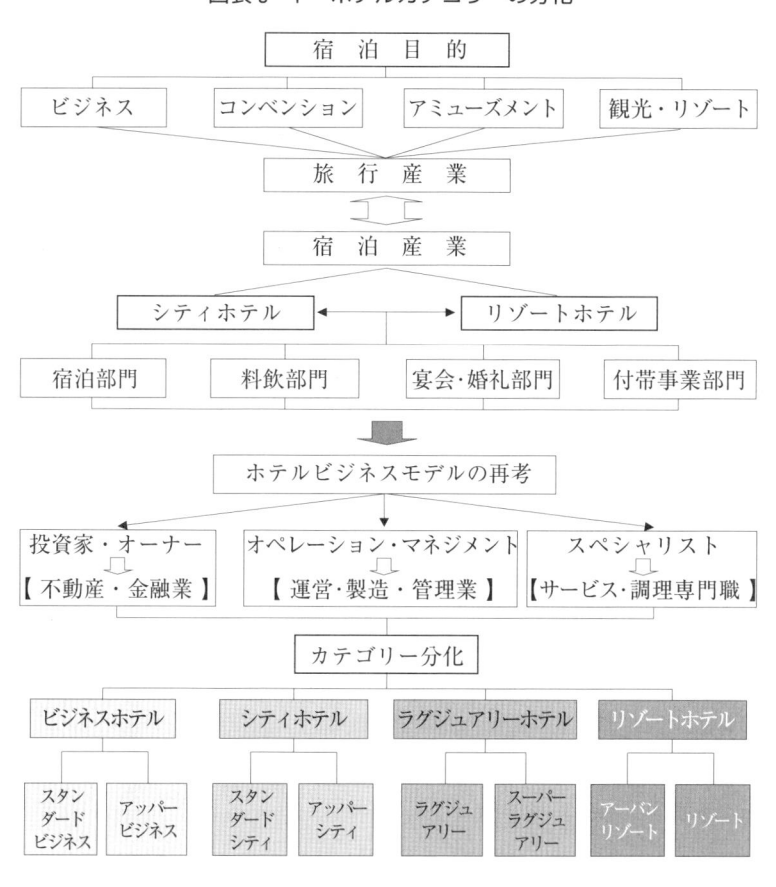

図表9-1　ホテルカテゴリーの分化

```
                        宿 泊 目 的
        ┌───────────┬───────────┬───────────┐
     ビジネス      コンベンション  アミューズメント    観光・リゾート
        └───────────┴───────────┴───────────┘
                        旅 行 産 業
                           ⇓
                        宿 泊 産 業
                ┌──────────────┬──────────────┐
             シティホテル ←──→ リゾートホテル
        ┌──────┬──────┬──────┬──────┐
      宿泊部門  料飲部門  宴会・婚礼部門  付帯事業部門
                           ⇓
                  ホテルビジネスモデルの再考
        ┌──────────┬──────────┬──────────┐
     投資家・オーナー  オペレーション・マネジメント  スペシャリスト
     【不動産・金融業】  【運営・製造・管理業】  【サービス・調理専門職】
                           ⇓
                      カテゴリー分化
        ┌──────┬──────┬──────────┬──────┐
    ビジネスホテル  シティホテル  ラグジュアリーホテル  リゾートホテル
     ┌───┬───┐ ┌───┬───┐ ┌───┬───┐ ┌───┬───┐
   スタンダード アッパー スタンダード アッパー ラグジュアリー スーパー アーバン リゾート
   ビジネス  ビジネス  シティ   シティ        ラグジュアリー リゾート
```

(2) インターネットとサービスマーケティング

宿泊産業におけるITマーケティングの重要なポイントのひとつに「情報手段」がある。ここ数年，特にマルチメディア・ネットワークとしてのインターネットのもつ役割は飛躍的に拡大し，今後もますますそのウェイトを高めていくことは間違いない。このインターネットという情報手段の捉え方には二面性がある。ひとつは「情報発信手段」として，もうひとつは，ITマーケティングで重要となる「情報受信」つまり「顧客データの獲得手段」としてである。

『インターネット白書 2005』によると2005年2月現在，そのインターネットは日本国内における利用者数は7,007万人と非常に身近な「情報受発信手段」として利用されている。特に「旅行・宿泊予約」という商品はインターネットとの親和性が高く，「オンライン上での製品・サービス購入ランキング」では，第1位書籍・雑誌類，第2位衣料・ファッション類に次いで全商品の中で3位にランクされている。

また，インターネットにおける旅行マーケットの規模の拡大は，1998年からの5年間で約60倍の4,740億円（2003年度）と急進し，ある外部機関の予測によると，2010年には宿泊予約マーケットの20～30％程度に達するというデータもある（図表9-2参照）。

図表9-2 インターネットにおける旅行マーケット規模

【ネット旅行市場の規模(消費者向け)】　【運営事業者のタイプ別シェア(2003年)】

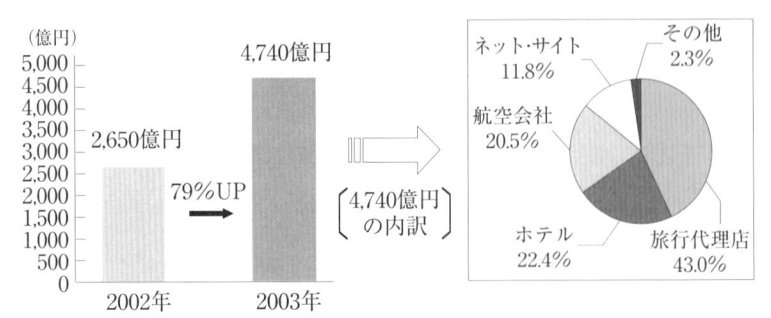

(億円)
- 2002年：2,650億円
- 2003年：4,740億円
- 79％UP

【4,740億円の内訳】
- ネット・サイト 11.8％
- その他 2.3％
- 航空会社 20.5％
- ホテル 22.4％
- 旅行代理店 43.0％

出所）経済産業省「平成15年度電子商取引に関する実態・市場規模調査」

図表9-3　変化したマーケットへの対応

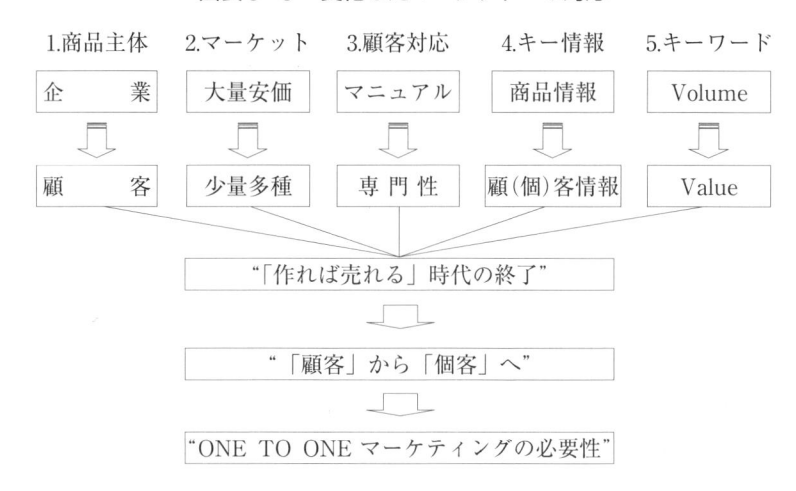

1.商品主体	2.マーケット	3.顧客対応	4.キー情報	5.キーワード
企　　業	大量安価	マニュアル	商品情報	Volume
⇩	⇩	⇩	⇩	⇩
顧　　客	少量多種	専門性	顧(個)客情報	Value

"「作れば売れる」時代の終了"
⇩
"「顧客」から「個客」へ"
⇩
"ONE TO ONE マーケティングの必要性"

　インターネット情報の特徴と利点は，「スピード・大量・安価」である。これは「顧客への接近」というマーケティングの重要な命題に対して，その「コストと時間と手順」を大幅に効率化・合理化する非常に有効な手段となっている。このことはいろいろな意味で顧客への情報受発信システムの見直しと，そして何よりもサービスマーケティング手法に多大な影響を与える結果となった（図表9-3参照）。

　また，宿泊部門に限らず宴会・婚礼部門やレストラン部門へのインターネットによるアクセス件数の増大は，「顧客データの収集」という後述するデータベースマーケティングのあり方にも大きな意味をもつことになる。

(3) セールスマネジメントとITツール

　では次に，宿泊・宴会・婚礼・料飲と収益部門が多岐にわたる総合シティホテルにおける「セールスマネジメントシステム」と「顧客情報管理システム」がどのような関連をもつべきかを考える。

　少なくともバブル崩壊前までの総合シティホテルは，その規模や施設の優位

図表9-4 ホテル・セールス情報管理体系

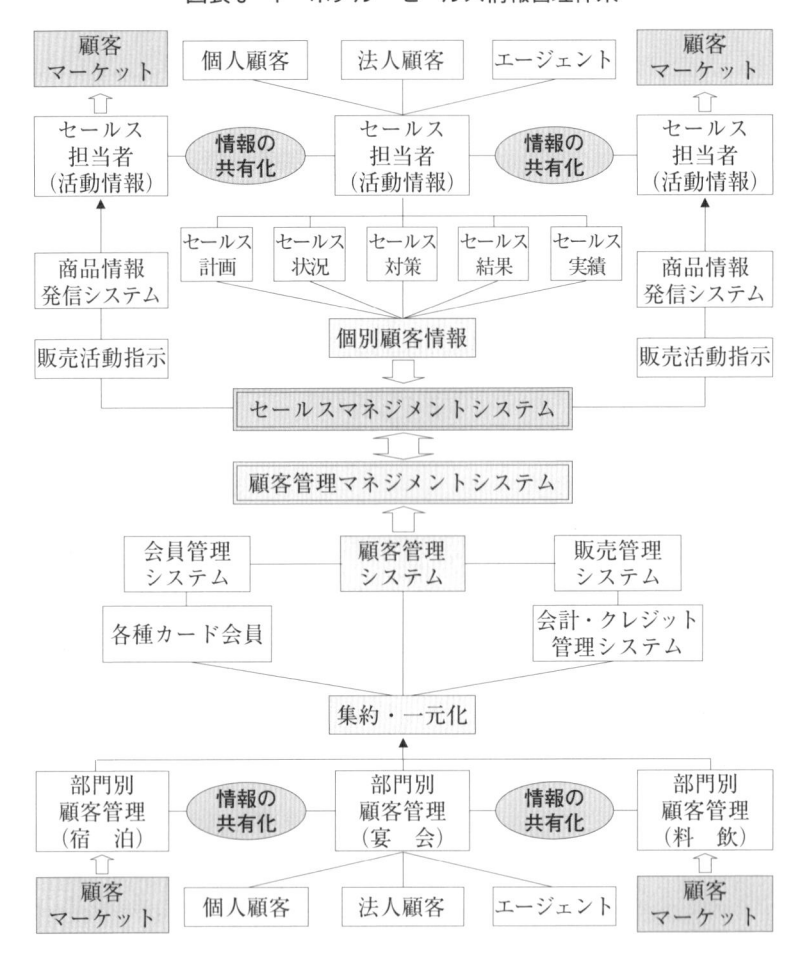

性をもってマーケット対応をしてきた。そして，そこにおけるマーケティングの特徴は総論としてのホテルコンセプトはともかく，本質的には各部門単位のマーケティングと，顧客管理が基本であった。(1)で述べたとおり，今後ますます細分化・特徴化するであろうホテルカテゴリーの中で，総合シティホテルが規模・施設の優位性だけで競争に打ち勝つことはできない。がしかし，この各

個別収益部門のマーケティング情報を有為に関連づけ，新たな"価値創造"に結びつけることができれば，他のホテルカテゴリーにはないその規模・施設の優位性ゆえに総合シティホテルの新たな存在意義が生まれて来よう。

　図表9-4でそのトータルな関連性をまとめてみた。この関連性を有効にできるか否かは全てITマーケティングシステムにかかっているといっても過言ではない。「良い施設を創り，良いF&Bそして良いサービスを提供すれば……」だけで競争できる時代は過ぎ去った。特に規模の大きな総合シティホテルでは「セールスマネジメントシステム」をどのように確立できるかは死活問題である。そのベースとなるのがITマーケティングの中でも重要なポイントとなる「SFA (Sales Force Automation)」いわゆる営業支援システムである。そしてこのSFAと表裏一体となるシステムがトータル的な「顧客管理システム」となる。この顧客管理システムは，コミュニケーション手段が急速に発展する中で「可変情報化する顧客データ」を単に一元化することが主目的ではない。今までどちらかというとオペレーション中心であった顧客情報管理をいかにセールスベースのマーケティング情報と関連づけできるかということである（図表9-4参照）。

2. ITマーケティング投資の本質とデータベースマーケティング

(1) ITマーケティング投資の本質

　ITマーケティングの本質的意義は，自社の顧客・マーケットに対して，他社より優位な事業戦略・ビジネスモデルを創り上げるための「手段」である。企業（事業）マネジメントの根幹は，各種規制緩和や技術革新による競争激化の中でいかに新しいビジネスモデルを創造するかであり，IT投資が事業の生産性（投資効果）向上に寄与するかどうかはあくまで結果である。つまり，ITマーケティングはそれを支えるサポートシステムと考えるべきである。一般的に，生産性の向上するタイミングとは，現在のホテル業界のように，競

争条件の激化により業界各社が否応なく自社の構造改革に着手せざるをえない時である。そして，この構造改革に寄与するIT投資のタイミングと差別化には，時代の変革や各企業の置かれている市場動向・企業自体の現状等それぞれの要因がある。先にも述べたとおりホテル・宿泊産業においては，"カテゴリー特性"をしっかり認識し自社のポジショニングに合わせた選択投資をすることが生産性を向上させる重要なポイントとなる。

(2) データベースマーケティングの必要性とポイント
① データベースマーケティングの歴史
データベースという概念はアメリカにおける通信販売会社のDM分析から始まり，1970年代後半，クレジット会社であるアメリカンエキスプレスによる，顧客が「自社の顧客である間にどの位の価値を生み出すか」という「生涯価値」を分析する手段に用いられた。そして1981年にアメリカン・エアラインが顧客データベースをもとに，買えば買うほどポイントが加算され，その合計ポイントをインセンティブ対象とする販売促進策「フリクエンシープログラム」を開発した。この販売促進策は「自社顧客の維持向上」という新たなマーケティング目的に多大な成果をおさめる結果となった。そしてその後，ほとんどの航空会社，ホテル，デパート，銀行等がこのシステムを採用し，各企業において独自の「顧客データベース」が構築されることとなった。

② データベースマーケティングの必要性
経済の停滞と各種規制緩和による競争の激化は，多くのマーケットにおいて新規顧客獲得コストの上昇を招き，それは既存顧客維持に比べ5～8倍近くに達するともいわれている。その結果，ウェイトの違いこそあれ，各業種・企業では，「既存顧客の維持・継続化」を図ることが重要なマーケティング目的となり，そのための手段・システムとして「顧客データベース」が必要となった。一方，コンピュータの記憶容量や処理スピード等の急速な進歩と低価格化によ

り，膨大なデータを蓄積・変換・分析処理することが技術的にも経済的にも可能となった。まさにデータベースマーケティングはITの進歩により可能となり，ITに支えられたマーケティングといえる。

③ データベースマーケティングの目的と基本ステップ

データベースマーケティングの目的は，あくまで顧客を中心としたデータベースをもとに，「その行動や指向を分析しマーケットの対象顧客を企業の期待する購買行動へ変えること」だといわれている。そして，自社顧客の長期的維持・継続化による各顧客の「生涯価値」をいかに高めるかがその主な目的となる。

【データベースマーケティングの主な目的】
1．既存顧客の維持・継続率アップ
2．既存顧客の購買単価アップ
3．新規顧客獲得の費用対効果アップ

【データベースマーケティングの基本ステップ】
1．顧客データの収集　※顧客とのコミュニケーション手段（インターネット他）
2．データベースの蓄積　※必要な時に必要なデータを取り出せる
3．データの加工・分析　※多変量解析・データマイニング等の統計処理
4．マーケティング計画立案実施
5．活動データ蓄積と分析・改善
　　　※ITの進歩によりインターネットの各ウェブでリアルタイムに行動分析

(3) ホテルマーケティングの特性（イールドマネジメントの必要性）

① 宿泊産業の収益構造

宿泊産業の収益構造の特徴は面積と時間に制約されることであり，限られた面積（客室・会場）と時間〈24時間〉をいかに有効かつ効率的に販売するかである。「売上＝面積×時間×売価」このアプローチのひとつとして「状況に応じ売上〈利益〉の最大化を目指す柔軟な販売手法」，いわゆる「イールドマネ

ジメント（Yield Management）がある。

② 宿泊産業におけるイールドマネジメント

　旅行・宿泊産業におけるイールドマネジメントは，1978年米国における航空規制緩和法，いわゆる「航空ビッグバン」に始まるといわれている。この過激な競争を勝ち抜く手段として大手航空会社により開発されたシステムがCRS（コンピュータ・リザベーション・システム）である。このシステムは，中小航空会社の値引き販売に対し，需要予測分析をベースに，適切な割引率・対象座席数割合・販売のタイミング等を効率的，合理的に判断できるマーケティング手法であった。近年，宿泊産業においてもこの「需要予測分析」に基づくイールドマネジメント手法が取り入れられている。ホテルフロントシステム内にはルームタイプ・ルームレート・曜日特性・季節特性・顧客分類・キャンセル等各種静的データや動的データが内在している。イールドマネジメントでは，この中の主として動的データ（トランザクションデータ）をデータマイニング等の各種統計分析手法を用い，顧客セグメントごとの行動特性を分析把握する。宿泊におけるイールドマネジメントとは，この分析結果をもとに需要と供給（販売）を予測することであり，この需給関係の予測こそ「利益の最大化（Rev. PARの最大値化）」（事例：1参照）を目指す重要なポイントである。

　ここで，宿泊・宴会各部門における「イールドマネジメントサポート」の事例として，次頁にその一部を紹介する（事例：1・事例：2参照）。

【事例：1】《宿泊部門における Rev. PAR（1室当り売上高）管理の一例》

【稼働率主義から"Rev.PAR"へのイールドマネジメントサポート】
〔Revenue par Available Rooms「1室当り売上高」〕

※ ホテル産業の宿泊部門における営業状況を判断する指標として，良く知られているものに「客室稼働率」や「1室平均単価」がある。しかしスペースと時間を販売する宿泊部門にとって最も重要なのは"利益の最大化"であり，その指標として「Rev. PAR（1室当り売上高）マネジメント」がある。今後はこのRev. PAR指標によるイールドマネジメントが一層重要となる。

【Rev. PAR 管理のポイント】
1. 売れる時は単価を，売れない時は稼働率を上げる
2. 1室あたりの単価をいかに高くするかの工夫を
3. そのためには稼働率主義に陥らないこと
※ 最も重要なことは「いつが売れる日か，いつが売れない日か」を正確に知ること。

⇩

『データベースマーケティング』の必要性!!

【Rev. PAR の算出方法】

$$\text{Rev. PAR} = \frac{\text{客室合計売上高}}{\text{販売可能な客室数}} = \text{稼働率} \times \text{客室単価}$$

〔比較事例：客室数100室〕　　　（単位：円）

	稼働率	室単価	Rev. PAR
Aホテル	70%	10,000	7,000
Bホテル	80%	8,000	6,400

⇨
※ 稼動率はBホテルの方が10%高いが，Rev. PARはAホテルの方が「600円」高い。
※ Rev. PAR が同じ場合，稼働率の低い方が収支はプラスとなる。（投資効率・コスト比較上）

［参　考］
【客室稼働率（Room Occupancy Percentage）】

$$\text{客室稼働率} = \frac{\text{販売された客室数}}{\text{販売可能な客室数}} \times 100$$

【1室平均単価（Average Daily Rate）】

$$\text{ADR} = \frac{\text{客室合計売上高}}{\text{販売された客室数}} \times 100$$

【事例：2】《宴会セールス部門におけるSFA（営業支援システム）の一例》
【個別案件GOP速算データによるイールドマネジメントサポート】
〔Gross Operating Profit「売上高総利益」〕

※　宴席単位ごとに「GOP（売上高総利益）の金額と率」をリアルタイムに算出しセールス担当者自身の収益に対する意識づけと受注のルール化等マネジメント判断基準の一助とすることで，利益の最大化を狙った宴会場の効率的運用を目指す。

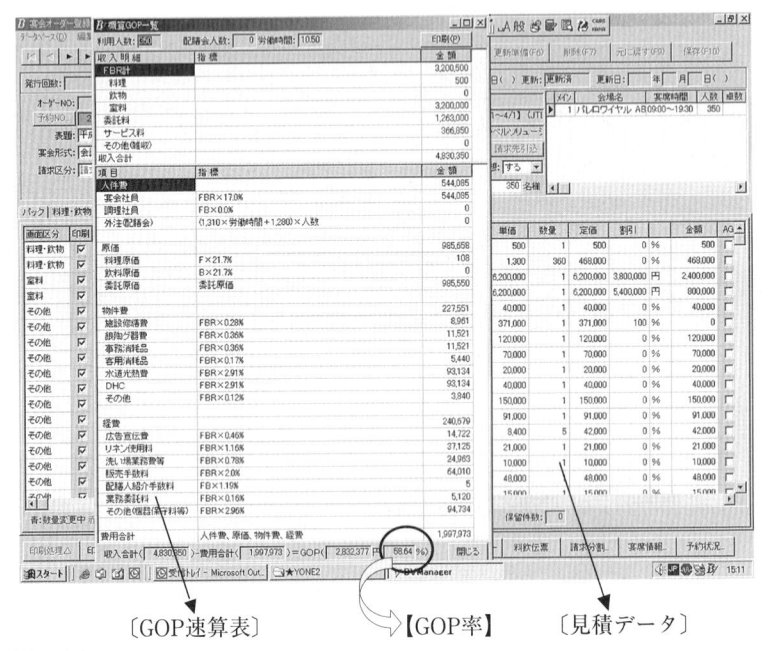

〔GOP速算表〕　　【GOP率】　　〔見積データ〕

〔ポイント〕
セールス担当者は，対象案件に関し下記項目のデータを入力する事により当該案件のGOP額とGOP率を「瞬時」に確認できるとともに，入力値を変えることでさまざまなシミュレーションが可能となる。
1. 入力変数
  1. 利用人数
  2. 料理・飲物単価
  3. 外注配膳会人数・時間数
2. データベース数値
  1. F＆B原価率
  2. 各費用係数

※1. これらの基礎データは全てセールス段階での「見積情報」と連動し計算される。
※2. この速算データに基づくGOP額・GOP率の判断基準・案件の可否は対象案件の「規模／時期／FBの有無／その他」それぞれの要因を加味し決定する。
※3. このGOPは，あくまで概算の判断基準であり，宴席終了後の正確なデータをストックすることで「宴会データベース」の一部となる。

3. ITマーケティング今後の課題

(1) 可変情報への対応

　ITマーケティングの基本となる顧客データベース管理において大きな問題のひとつに，年々進化するITツールの中でも特に対象顧客のEメールアドレス，携帯電話番号，携帯メール等の管理がある。いつ変わるかわからないこの可変情報に対するデータベースマーケティングの考え方は，今までと明らかに異ならざるをえない。変化のスピードがますます速くなり情報の陳腐化が加速される時代には，キャンペーン情報やイベント情報等「即時活用型データベース」の考え方，つまりデータ蓄積も大切であるが，収集したデータをいかに新鮮なうちに活用するかが重要となる。このキャンペーンデータの収集方法も最近では，「ハガキ型」や「アンケート用紙型」から「携帯サイト型」へと移行している。その結果，収集データは瞬時にデジタルデータとして蓄積され，キャンペーンにかける時間もコストも大幅に削減されるようになった。これはIT活用におけるひとつの好例として捉えることができる。

(2) サービスマインドとIT

　ITマーケティングの本質かつ最も重要なことは情報発信者と受信者の双方向性であり，ダイレクトコミュニケーション性そしてリアルタイム性である。企業はキャンペーンやイベント情報をHP，メルマガ，Eメール等，ITツールを駆使し，一方的に自社情報を発信できる時代である。そしてマーケティング担当者はこうして得た情報の分析に多大な時間と費用を費やすことになる。しかし本来，企業と顧客との関わり合いの中で，顧客側が期待する多くの部分は，質問や相談そしてクレーム等顧客が困ったり悩んだりした時，素早く簡単にそして気安く問い合わせできる環境が用意されているかどうかである（図表9－5参照）。

　ITコミュニケーション手段の特徴性は，場合によっては一般的な販売促進

図表9-5　マーケットとの情報チャネル

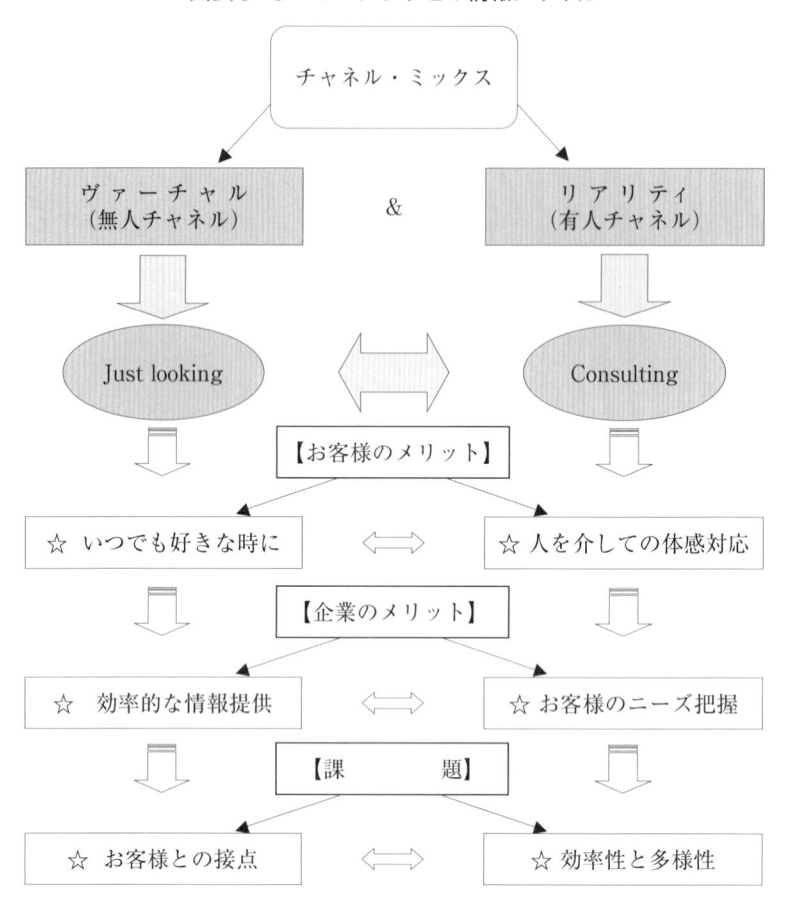

```
                    ┌─────────────────┐
                    │ チャネル・ミックス │
                    └─────────────────┘
                     ↙            ↘
    ┌──────────────────┐   &   ┌──────────────────┐
    │   ヴァーチャル    │       │    リアリティ     │
    │  （無人チャネル） │       │  （有人チャネル） │
    └──────────────────┘       └──────────────────┘
             ⇓                            ⇓
      ( Just looking )  ⇔  ( Consulting )
             ⇓        【お客様のメリット】    ⇓
    ┌──────────────────┐       ┌──────────────────┐
    │☆ いつでも好きな時に│ ⇔  │☆ 人を介しての体感対応│
    └──────────────────┘       └──────────────────┘
             ⇓        【企業のメリット】     ⇓
    ┌──────────────────┐       ┌──────────────────┐
    │☆ 効率的な情報提供 │ ⇔  │☆ お客様のニーズ把握│
    └──────────────────┘       └──────────────────┘
             ⇓          【課題】            ⇓
    ┌──────────────────┐       ┌──────────────────┐
    │☆ お客様との接点  │ ⇔  │☆ 効率性と多様性  │
    └──────────────────┘       └──────────────────┘
```

策より，このような「日常身近に起こる事象への素早い対応」の方がより販促効果が高くなることも事実である。したがって，ITマーケティングにおいては顧客データベース管理やデータ分析と併せ，顧客とのコミュニケーション手段のあり方とその運用方法（365日・24時間対応等）がますます重要となる。

　宿泊サービス産業において，予約・問い合わせ・キャンセル・クレーム等それぞれのコミュニケーション場面において共通するのは「気持ちよく，心地よ

9章　追加資料

参考文献

ルディー和子『データベース・マーケティングの実際』日経文庫，2000年

江口泰広『IT革命で変わる新しいマーケティング入門』中経出版，2000年

NTT東日本法人営業本部第三営業部CRM & CTI推進室編著『実践CRM構築』NTT出版，2000年

白井義男『サービス・マーケティングとマネジメント』同友館，2003年

波多野精紀『ITマーケティングの新事実』リックテレコム，2003年

横浜信一・萩平和巳・金平直人・大腹健史・琴坂将広編著/監訳『マッキンゼーITの本質』ダイヤモンド社，2005年

いサービスの提供」である。いくらITツールやシステムが完備されても「具体的・直接的」にこの感覚が顧客に伝わらなくては何の意味もない。データ上の顧客を意識し，リアルタイムにそのデータを活用し，サービス提供できる体制の構築こそが，ITマーケティング成功のための大きな課題である。

第4部

食文化と技能者教育

第10章

食文化とホテルの料理

元 志摩観光ホテル総支配人・総料理長　高橋忠之

概　要

　総支配人，料理長，すなわちスペシャリストとゼネラリストを兼任した経験のあるものとして，トップの任に就くためには，みずから理想を掲げその理想を具現化するための理論と戦略をもつ必要があると考える。

　総支配人の経営理念には「エコロジー」「オリジナリティ」「ハイクオリティ」「ヒューマニティ」そして，環境保全の視点，独創性の発揮，品質重視―本物を追求，人間性重視が求められる。

　総料理長は技能集団を構成し，数値分析，労務管理をする。そしてその料理をもう一度食べたいと思わせるカリスマ性が必要条件となる。

　さらに両者には商品開発と販売戦略の責務がある。この任にある者は限りなく挑戦していく。

1．料理長・総支配人に求められるもの

　私は15歳で，見習いとして志摩観光ホテルの厨房に入った。「15歳にして汝の幸せは学校のいすにあらず」と。いわゆる学校のいすに座らなくても，世の中のために役立つ生き方をしたい。神の啓示として自分に言い聞かせたわけである。

　昭和32年頃は，朝から晩まで働くことができた時代である。私たちが修業をしていた時代というのは，働くことが歓びであり，感謝であり，祈りであった

時代だった。今の社会とは時代が違うので比較にならないが，例えば，朝から晩まで1日働いて，大体50円の給料である。社員食堂で朝食に10円，昼食に20円，夕食に20円出すと，全部なくなってしまう。それでも朝から晩まで働いていた時代であった。

　キッチンのストーブは石炭が火力のため，外枠は業者が作ってくれるが，あとは粘土を練ってレンガを積み，どうしたらローストビーフがうまく焼けるかとか，どのようにシチュービーフをうまく煮込めるかということを考えながら，自分でストーブを作っていた世代であった。その人間が29歳で料理長になった。させていただいたといった方が正しいかもしれない。

　料理というのは，簡単に申し上げると，うまくて，売れて，儲かって，そして"作りがいのあるもの"を作るのがグランシェフの仕事と，考えて勉強してきたわけである。しかし，一言で"料理とは"やはり学問だと思う。特に美味学，ガストロノミーの世界というのは，学問で構築しないとうまくならない。

　調理科学に基づいて，キッチンの中でどうしたらうまくなるかと調理方法を考えるのだが，その背景には，例えば，野菜は土，魚は海……。すなわちそれは，太陽と土と海と水の恵みによって育まれた世界であって，気象学や博物学，土壌学，自然科学を学ぶことによって，よりおいしいものを作るというのが私たちの役目なのである。

　私は"料理は芸術である"と考えている。同じことを繰り返しながらおいしさを求めていって，皿の中に表現するときに，お客様に驚きを与える世界である。それから知識の蓄積として料理を追求し，芸術として技術感性の練磨からおいしさを発見し表現するのが，料理を志す人たちの仕事だと思う。

　もっと具体的にいうならば，温度と時間と分量を正確に量ったら，誰でもだいたいどの料理もできる。3年ぐらいで料理長になれる力をほとんどの料理人がもつようになるわけである。それでもなれないのはなぜか。あるいはおいしくできない，美しく表現できないのはなぜか，山田無文老師は，料理とは人間の「誠実さと親切と勘だ」といっている。誠実と親切と勘が悪いということは，

誰にでもわかることだ，と思うのだが，ホテルマンや料理人に一番向かないタイプの人はケチと清潔感のない人である。

　大体，料理長になりたいとか，総支配人になりたいとか，部長になりたいという人のほとんどがなれない理由は，その3つの要素に加えて，具体的にかかげた理想を具現化しようとする力がないからである。理想を具現化しようとする力というのは，理論と戦略だと思う。理論というのは，学問できちんと構築し，戦略というのは時代の確かな目を養うことである。わかりやすくいうと，料理長になりたいという人がなれない大きな原因は，なったら何をするかということを考えていないからである。よく，料理は心ですとか愛情ですという人がいるが，料理ほど心と愛情がいらないものはない。

　そんなことはないだろうという人がいるが，私の一番嫌いなのは，心をこめて一生懸命作った下手な料理である。心を込めて一生懸命作ったら下手な料理でも食べられるだろうというけれど，心を込めて一生懸命歌った下手なカラオケは聴けないように，心というのは世の中で一番最後にもってくるもので，それが先に来てはいけないと思っている。

　それでは「料理長像とは何だ」ということになる訳だが，技術集団を構成する料理長の位置づけ，それから組織の中で数値分析ができる，品質物品管理ができる，労務管理ができるという立場としての料理長の位置づけ，それだけかというと，そうでないと思う。その料理長の料理を一度食べてみたいというお客様に対する料理長像がある。料理長像というものを修辞学（レトリック）の世界の中でうまく構築をしていき存在感を示さないと，食べてくれない，高いお金を出してはくれない。

　皆さん方が今日は何を召し上がったか知らないが，心を満たして食べる食事にするか，腹が減ったから何かを食べる食事にするかという違いは，大きいと思う。ホテルというのは空腹を満たすのではなく，非日常の世界の中で心を満たす食事にしていかなければいけない。

　これから皆さん方が恋愛をして結婚をしていく中で，どんな学歴があるとか，

どんな育ち方をしたかというよりも、一番大きな問題は、3〜5年ぐらい振り返って何を食べてきたかということ。この間の献立をもらった方がいい。食事は次の子どもを生み育て社会を作っていくのに、大きな影響があると思うのである。

人は見かけによらないというが、実は見かけによる。もう一度会いたいと思う人は、人生の中で意外と少ない。吉田兼好の言葉に、「益なきは交わらない」というのがある。つまり、常に新しい出会いをもち合いながら、感性をみがき合いながら、社会の中で私たちは育っていくわけである。

総支配人が今一番勉強しなければいけない学問のひとつは理科だ。もうひとつは経理、そして、もうひとつ法律とさらに心理学。料理長の学ばなければいけない学問と総支配人が学ばなければいけない学問というのは、かなり違ってくる。なぜ理科かというと、今の社会の中で一番問われているのが環境である。環境生態学を学べということは、エコロジーがエコノミーになる時代で環境生態学を学ばなくて総支配人にはなりえないということがひとつ。また、経理というのは、損益の問題よりも経営理念、あるいは経営理想を語るべき力がなければいけない。法律は社会の常識で、心理学は顧客満足度である。これを勉強しないとホテルのGMにはなれない。言い換えれば、そういうことを志さなければいけないのではないかと思うのである。

以前、『ホテル』というテレビドラマがあったが、ああいうものを見てホテルマンになりたいということ自体、ホテル側からしてみればありえないことである。あんな不真面目な、あんなだらだらした社会はホテルではありえない。もっと真面目で真摯な社会であり、企業である。そういうことを私は皆さん方に知っていただきたい。

2. 東西の食文化と料理長

　画家のロートレックは（絵について），「技術的熟練」「伝統への忠実性を学べ」と「時代に沿った着想の独創性を学べ」という3つを説いている。なぜこういうことを申し上げるかというと，私はフランス料理を志して，フランス料理の定義に沿って料理を作っている訳だが，フランス人シェフに日本にフランス料理の店はあるかといったら，1軒もないとみんないう。なぜ1軒もないのだと聞き直すと，フランス人はこのように答える。「フランス料理はライバルのない芸術だ」。フランス人は，そのぐらい自分の職業や自分の国をとても愛している民族なのである。

　一番大きな理由は，フランス料理というのは，太陽と土と水と海とフランスの歴史だというのである。歴史はイコール芸術であり，文化であり，思想であるということを彼らは説いている。

　私がフランス料理に非常に興味をもったのは，ブリア・サヴァラン『美味礼讃』を読んだことからであった。この本で，彼は「自然の力をうけいれること，天然・自然の法則を忠実に守ること」と書いている。ヨーロッパと日本とでは自然観が違う。東洋の人々というのは，自然とともに生きてきた民族だが，ヨーロッパの人々というのは自然と戦って生きている民族である。それを料理に置き換えると，魚のそのままのおいしさを追求しようとしたのが日本の料理である。そして，魚をもっとうまくしよう，魚以上にしようといったのがフランス人である。

　ポール・ボキューズ，ジョエル・ロビュションは，「フランス料理とは」「"絶対美"」だという。絶対美のすばらしさだと。吉兆の湯木貞一氏，辻留の辻嘉一氏，招福楼の中村秀太郎氏など日本料理の最高峰の方々は，「日本料理とは」「"様式美"」だという。絶対美と様式美の違いが，東洋と西洋の違いではないかと思うのである。

　何が様式美かというと，例えば日本料理というのは，料理のおいしさを愛で

る前に，庭園，建築，工芸，書や絵があったりして，さらに，根源に仏教思想がある。そして器の美と技があって自然と古来からの儀式と行事があり，四季があって，料理人の腕がある。この全部を賞味し愛でる力があって，初めて日本料理の世界がある。その背景に何があるかというと，ひとつは道元禅師の『典座教訓』の世界，仏教の世界がある。これは精進料理である。それから利休の『南方録』の世界，これは懐石料理である。それから日本の中世といわれる室町から鎌倉まで日本文化の原型を形成した時代の料理が本膳料理である。この3つの世界を追求していくと，すなわち様式美の世界が見えてくる。

　一方で，絶対美の世界というのは，自分が考え出したすばらしい作品だと彼らは言い切る，そのひとつが，絶対美だと思う。ポール・ボキューズやジョエル・ロビュションに，「フランス人にとって偉大な料理長，いわゆるグランシェフとは」と聞くと，ひとつめは「古典の料理ができる」，2つめは「地方料理ができる」，例えばリヨンの料理ができる，プロバンスの料理ができる，あるいはブルタニューの料理ができる，その地方の料理ができるという。それから3つめは「創作料理ができる」。この3つができる人間が偉大な料理長だ，偉大なグランシェフだという。では，今，誰がグランシェフかと聞くと，ポール・ボキューズ，ジョエル・ロビュションだというのである。彼らはどのような生き方と言葉をもっているかというと，ひとつは神と自然の摂理と，自分の努力以外は絶対に信じない。そういう世界なのである。

　フランスのレストランの調理場には，次のように掲げられていることがある。

　第1条　料理長は真理である。

　第2条　料理長は永遠に真理である。

　第3条　もし見習いが正しくとも第1条を適正とする。

　結論的に述べるなら，総料理長と総支配人の一番最後の仕事はやめることなのである。いつやめるかということが一番最後の仕事なのである。言い換えれば，絶対美の世界をもっていない立場の人間がトップにいるかぎりは，絶対世の中はうまくいかない。社会も学校も家庭も，時代の中で私はそう信じて生き

ている。

　料理長は真理である，総支配人は真理であるという背景に，何が今の社会の中で問われているか。ひとつは芸術家であれ，ものを考えて作り出す最高の力をもった人間であれ，それから聖者であれ，道徳の善，宗教の聖である。それから賢人であれ，真理を追い求めていけということを私は言いたいわけである。トップというのは，常に指導者になりうる立場の人間，理想を追いかけて行って，確実にそれをものにしなければいけないと思う。

　15歳の少年が社会に出て自分に最初に言い聞かせた言葉は，してはいけないことは絶対にするなということ。しなくてはいけないことは，人より一歩前へ進んでするべきだ。それだけできれば，社会に迷惑をかけなくて生きられるだろうと，自分に言い聞かせてきた。この考え方は今でも間違っていないと思っている。それでも17歳や18歳の若いときには，料理人の世界に大きな悩みといらだちを感じていた。

　なぜ料理の世界がいやだったかというのは，ひとつは治外法権の世界だったからである。そのいやだった世界を意識的に自分に言い聞かせて変えたひとつの例が，料理の世界がいやなのだから，「料理人の世界」の修飾語と被修飾語をひっくり返してみたことだ。そうすると「世界の料理人」になる。たったこれだけで考え方というか，意識革命ができた。

　その人間が初めてヨーロッパへ行って，ミロのビーナスをルーブル美術館で見た。そのときに，美の対象としてビーナス像を見るというよりは，料理人のしたたかさというか，あるいは貪欲さがそうさせたのかもしれないが，何を食べたらこういうすばらしい身体になるのかと，ビーナスの姿を見て感じたのである。それだけで終わっていればよかったのだが，これを作った人は何を食べていたのだろう。何を食べていたかということはどう生きていたか。社会をどう構成していたかということの問いかけになるのである。それが結局，私に西洋史を勉強させ，フランスの歴史や文化を学ぶきっかけを作ってくれた。ビーナスとの出会いがそうさせたのである。

新しい自分を発見することが，ある意味では若い皆さん方にとって一番勉強になるのではないかと思う。知識の量をたくさんもつことよりも，創造の世界をもつことの方が，社会でも，学校でも，家庭でも一番大事なことである。私は西洋史を勉強して，だんだん西洋かぶれして，西洋の料理を追いかけていき，それをお客様に表現したことがあった。このときお客様からの反発があった。「これではない，志摩観光ホテルに来て，この料理を食べようとは思わない」とおっしゃられた。

　そのときに出会ったのが黛敏郎さんである。私はいろいろな方との出会いをもって教えを受けた。一番最初の本の推薦の言葉を書いて下さったのは田宮虎彦さんであったが，5冊目は黛敏郎さんである。西洋の音楽と哲学と思想を学んだ中で，要は西洋で学んだことを日本で生かすためには，やはり日本の思想や仏教も学ばなければいけないというのが黛さんの理論だった。

　私は今，自分の料理が完成しているとは思っていないが，料理を皿の中に表現するときのかたちの美しさというのは，奈良の興福寺の阿修羅像のあの美しさだと思う。色は西洋料理であるから，フェルナン・レジェの画集からとったのだが，素材は，日本人として日本の素材を追いかけていこう。そういう考え方で私は料理を作ってきたのである。

3. 食材と産地

　ジャン・ドラヴェーヌが私どもの料理を食べにきたとき，エビとアワビを食べたときにすぐ席を立ち，「今食べた素材の海が見たい，海へ連れて行ってくれ」といったので，私は，こういう海の中にエビがいるとか，こちらにはアワビがいる，とかと説明した。

　今，私たちは料理人として，市場の魚を知る前に，どんな魚がとれるか，漁獲量，漁場の状態を知る必要がある。水産試験所では「漁海況速報」をつくり，黒潮流軸位置，水温の変化，漁況が記されている。それを私たちは漁船の船長

さんと同じような立場で，目で自然を見，海を見，漁獲量を見，そして市場価格を大体想像する。実際そういう世の中になってきたのである。

　フランスの素材と日本の素材は全然違う。ドラヴェーヌは海を見て，こういう海の中でエビが育った，魚が育ったと聞いたときにひとつの比較をした。例えば，ブルターニュの海の甲殻類であるオマールというのは，採ってから2週間，水槽の中で食べたものを全部吐き出してしか使えない。それに比べ，日本のエビは2時間で使える。その違いはなぜかというと，やはり海の違いなのである。プランクトンの違いであり，海藻の違いであり，そして太陽の光の違いなのである。だからオマールが違う，甲殻類が違うということは，例えば貝が違う。日本のカキというのは垂下式養殖，イカダにつるして養殖をする。ほとんどがそういう養殖をしている。

　一般的なカキというのは潮間帯という満潮と干潮の真ん中に住む生態である。したがって，ヨーロッパのカキは地播式と離底式養殖法のため，24時間のうち12時間は海の中で栄養をとっているが，残り12時間は陸に上がっているわけである。そして，2年間かかってうまくなるのは外套膜だけなのである。しかし，日本のカキは垂下式のため，24時間プランクトンを食べているので，1年間で出荷できるし，外套膜のうまさよりグリコーゲンのうまさが主体になって出てくるわけである。このようにカキを見ても，魚を見ても，甲殻類を見ても，まるきり違うということを理解しながら，素材を追いかけていかなければいけない。

　このように伊勢志摩の素材を通して，私たちは栄養成分を分析しながら料理を作っていく。海というのは15日周期である。木は1年間でひとつ年をとるが，海は15日。満月から15日間たって新月で，新月から満月の15日間で一潮と，年をとる。そのため，カキの貝殻は幾重にも層になっている。一つひとつが15日なのである。3つ数えて3つの長さの大きさで，これは1ヵ月半，5つあったら2ヵ月半というように貝殻で読みとれるのである。

　そうするとそのカキの貝殻を見たら，どういうプランクトンを食べていたか

第10章　食文化とホテルの料理　187

という海の状態もわかるのである。エビでも魚でもカキでもわかる。そういうことを考えて学んで料理に生かす。料理は考える楽しさと作る喜びと，お客様に表現をする喜びがあるから，充実している。キッチンの中で，ひたすら汗を流して一生懸命働くというのが料理人の姿だというのは，あれほど惨めで，悲しくて，つらい社会はないと思うし，いやでいやでしょうがない社会である。しかし素材を通して，あるいは表現することの喜びを通して，料理というのは作る喜びがあると私は受け止めている。

　日本のホテルというのは，旅館の形態の延長上での経営をしている。ヨーロッパのホテルを見て思うのは，リッツでもクリヨンでもグランホテルでも階級社会，クラス社会がまだ生きているということである。執事のようなサービスをすることが，ある意味ではいいサービスだと今でもいわれている。アメリカのホテルは，やはり少し違う。例えば，ヒルトンでもシェラトンでも全く違うし，もっとフランクである。ヨーロッパのホテルがいいのか，アメリカのホテルがいいのか，あるいは私たちが今やっているホテルの経営の方針がいいのかというのは，非常に難しいと思う。何々を学べということがよくいわれるが，本当にそれが正しいのかどうかを，社会や時代の中で十分かみ砕いて実行していかなければいけないと思っている。

　私は，サービスというのは，余分なことをしないのがサービスだと思っている。例えば，理解ある無干渉というのが，お客様が求めている一番の喜びだと思っている。そういうことが，優雅さであり贅沢であり，幸福だという社会になってきていると思う。その反対側は，理解のない干渉のしすぎ。「いかがですか，ああですか，こうですか」ともっていくこと自体が間違っているのではないか。

　私はホテルの客室には冷蔵庫も時計もラジオもテレビも必要ないと思うのである。どうしてもいるもの，インターネットがほしい，パソコンがほしいといったら，ちゃんとホテル側がお客様に提供する。30㎡や40㎡の狭い部屋の中で飾り物をたくさん置いて，ホテルの客室はこうあるべきだという考え方は，

ある意味で間違っていると思う。求められるものに対してきちんと答えてあげよう。そうでなければ初めから提供しない。そういうことが，これからの時代のホテルの，ある意味では，設備であり，サービスである。私はそういう方向に行くと確信をもっている。

4. 料理文化と著作権

　もう一度料理に置き換えて述べよう。ロートレックが説いたように，伝統への忠実性，いわゆる学問的にきちんと学んでいかなければ，うまい料理は作れないということを，私はいいたいのである。ただ，学んでいったら，本当にうまい料理はできるかという疑問はもっていた。例えば，ポール・ボキューズが作ったいくつかの料理を再現する。ジャン・ドラヴェーヌが作ったいくつかの料理を再現することは，それほど難しくはない。普通のレストランは，アラン・シャペルの料理はこうだ，ボキューズの料理はこうだと，お客さんに提供してお金をもらっているわけである。それはもう絵でいったら，人まねをした偽物ばかり，音楽でいうと盗作なのである。料理人だけにその世界が許されているのである。

　日本にミロのビーナスを連れてきたのがアンドレ・マルローだ。モナリザも日本に連れてきた。彼は，ドゴール政権の時代の文化相である。来日の際には，私どもの料理を2回お出しする機会があった。アンドレ・マルローは最後の日に私を呼んで「とてもうまかった。フランスはいくつかの芸術はあるけれど，お前の料理は芸術だ」と褒めてくれた。アメリカ人の褒め方というのは，本当にあっさりしている。「手を見せろ」と。手を見たら，「お前は魔法使いではないか。私は魔法使いの世界に入ったような喜びが食卓の中にあった」というような表現のしかたで褒めるのである。

　日本人は大体みんな褒め方が下手である。うまかった以外の言葉はほかにないのかと思うぐらい使わない。ただ，「うまかった，おいしかった，すばらし

かった」としかいわない。本当に味を知っているのかと私はいいたいのである。

　アンドレ・マルローは「お前の料理は芸術だ」といってくれた。私は有頂天になるほど、とてもうれしかった。フランスには9つ芸術がある。9つ芸術はあるのだけれど、8つまでは著作権がある。音楽でも彫刻、絵画、文学、全部著作権がある。料理だけ著作権がない。だからまねをしてもいい、まねをされても文句をいえないのである。ポール・ボキューズの料理をまねしても、ドラヴェーヌの料理をまねしても、それを、まず、壊しにかかる。そうしてもう一度組み立てることが大切である。

　学ぶということは、ある常識を否定して隠された新しい真理を求めるということである。だから物事を学んで一度壊してもう一度組み立てる、これは解体と統合である。解体と統合によって身につくのは想像力、いわゆるクリエーションの世界である。それから構築力。この2つが身につく。作家として、作者として、想像力と構築力を身につけないと、作品に自分の主張が出ない。もっと具体的にいうと、皆さん方はいろいろなところに行きいろいろなものを召し上がると思うが、その皿の中を見たときに、必ず2つの世界が見えてこないといけない。ひとつは、神戸でものを食べたら、神戸の太陽と土と水と海がのっていなければいけない。もうひとつは、作り方に料理長の主張がなければいけない。この2つがないものは、空腹を満たしてただ腹が減ったから何かを食べる、言い方を換えれば、えさにすぎない。そういうものを食べて、人間は何で生きがいがあるのかと、私は疑問をもっている。

　必ず2つの世界が見えてこなければいけない。そして作るのが料理長で、提供するのが総支配人だと思う。それができなければ料理長もやめ、総支配人もやめるべきである。

　私ごとで申し訳ないが、総支配人の仕事というのは24時間働いて365日出勤することなのである。それがホテルに勤めているトップの仕事。365日働いて、権限と責任を明確にして、そして位がつく。そういう気持ちがホテル業界だと、そのように受け止めてほしい。

前にもいったように，9つの芸術のうち8つは著作権があって，ひとつは著作権がないのが料理の世界だから，ある意味では，もっともっと自分が勉強することによって，ひとつの作品を世の中に訴えることができるのではないか。だいぶ前のことだが，ドイツ人と対談をしたことがある。2時間対談だったが，1時間30分ぐらい話しても，話が噛み合わない。全然かみ合わない。何が原因でかみ合わないのか。音楽の話，料理の話，酒の話をしても，それなりに合っているのだが，実際に物事に深く入っていくと違ってくる。何かが違っている。
　私は彼にいった。ドイツという国は，また西洋の国々はキリストの「アガペー」(隣人を愛す)，ソクラテスの「正義」(正しく生きる)。この2つを学んで今日まで生きてきた。私たちの世代というのは，私は昭和16年生まれですが，私のおやじの世界というのは，やはり明治の世界です。孔子の「仁」(思いやり)，釈迦の「中道」(楽しさを与え苦しみを取る)。私はそのおやじに育てられた。だからかみ合わなかったのです，と。そこで最後に司会者が，「何かひとつの共通のものを見いだせないか」といったので「美しいということは何か」と問いかけたら，彼はじっと考えて「驚きだ」といっていました。美しいというのは驚きだ。「美の根源が驚きである」と。
　要は物事を考えて作り出す，あるいは物事を考えてお客様に提供することの根源の喜びは，場面，場面にいくつかの驚きを作って，お客様に提供していくことだと。料理にしてもサービスにしてもホテル空間にしても，私はそういう社会ではないかと思う。
　ニューヨークに3日間いると，ニューヨーカーといってニューヨーク人にしてくれる。パリは1年いても2年いても，パリジャンやパリジェンヌ，パリ人にはしてくれない。ニューヨークというのはそういうところだと思う。ニューヨークの魅力とは何かというと，永遠に"アンダー・コンストラクション"であること。常に新しいものに向かって挑戦していく姿勢がニューヨークにはある。要はニューヨークの料理人というのは，料理のうまさだけを追求していない。料理を作ることによって，お客様に提供することによって，その食卓がい

かに楽しく優雅で,幸せなひとときを作るかという料理を考えているのがアメリカ人の考え方である。だから組織は全部文鎮型なのである。ひとりトップがいて,あとは平等なのである。フランスの社会は美味求真である。ずっとおいしいものを職人集団として追いかけていく。全部三角形なのである。

これが今のフランスとアメリカの料理の違いかなと思う。アメリカでコーヒーを飲むと,うまいコーヒーの条件というのは,オーダーしてすぐくる。しかも何杯飲んでも同じ料金である。同じ香りをもっているというのが,アメリカのコーヒーのうまさである。日本のコーヒーのうまさというのは,いろいろな理屈をつけてくること。香りだとか渋みだとか雰囲気だとかカップ,だがアメリカ人には全然そんなことは関係ないのだ。

例えばバスに乗っても,今日では禁煙なので,喫煙できた時代のことだが,たばこを吸っても灰皿がない。「どこへ捨てるのか」ときくと,「下へ捨てろ」という。「本当に捨てていいのか」というと「そうだと」。バスの車体の構造が,たばこを下に捨てて後ろから水を流したら,1ヵ所に行くようになっているのである。水を流せば全部流れていくのだ。

これがエンパイアステートビルやスペースシャトルを打ち上げたアメリカのお国柄かなと。それでも世界で一番うまい肉は,私はアメリカの肉だと思っている。アメリカの肉はまずくて高くて食べられないといわれているが,それは,お金を払っていない人のいうことである。やはり肉のうまさというのは,かみしめてかみしめて出るうまみのうまさを彼らは知っている。それは日本ではほとんどありえない。ヨーロッパでも私は経験しなかった。そういう感じは,私はある意味では,アメリカの魅力のように受け止めている。

5. 若い人に考えて欲しいこと

いろいろな料理を作ってきた。一番してはいけないことは,絶対余分なことをするなということである。社会の中でも余分なことはするなということは,

正しいことだと思っている。絵を描くときに全部を描かないのと同じ。全部描くのだったら写真を撮った方がいい。画家は描きたいものを選ぶときに，一番最初に何をするかというと，取り除く作業から入るのである。

　皆さん方の人生でもそうだと思う。つきあいたくない人間は，一番最初に取り除いた方がいい。全部つきあっていこうなんてできっこない。極端な言い方だが，絵を描くときでも料理を作るときでも，余分なことをすることによって人生は失敗する，料理は失敗する。話はちょっとそれるが，失敗は成功のもとだといわれているが，絶対そういうことはない。失敗は失敗ぐせがつくだけ。10日間やってオムレツが下手だったら，絶対その人間はオムレツはうまくならない。包丁の持ち方が悪い人は，5年練習しても10年たっても，やはり役に立たないのである。

　若い人はまねをしてはいけない。20代には20代の怒りと喜びがある。30代には30代のやはり怒りと喜びがある。

　20代にもたなければいけない怒りは，絶対20代に怒っておいた方がいい，喜んだらいい。40代や50代になって，どこかくだらないテレビの番組を見てにこにこ笑っている人なんて実にくだらないと思う。どうぞ，ものに対する怒りはもってほしい。

　怒ることの権利と義務，怒ったことへの責任，あるいは怒りをわすれてしまったことへの怒り。総支配人や総料理長の仕事の大半は，正しくものに対する怒りをもつかということだと自分で言い切っている。まず自分で怒ることができなくなったらやめるべきだと思う。次の人間に代わる。

　私は，29歳で料理長になって今57歳である。27年間，講演などに出かけるとき以外は，1日も休んでいない。朝7時から夜10時まで会社の中にいる。日曜も祭日も正月も盆も休んでいない。それでも生きている。働きすぎて病気になることは絶対ない。

　ものを考えて作り出す中に料理には喜びがある。たかが料理人，ビフテキを焼いたりシチュービーフを煮込む人間が，なぜ社会の中で多少とも役に立つこ

とができるかというのは，考える喜びがあったからである。いわゆる創造する喜びがあったからである。

　私は今，パリでもニューヨーク，ワシントンでも，あるいはロンドンでも，どんな情報でも入ってくるラインをもっている。自分が問題を提起することは可能だと思っている。私は志摩観光ホテルに入ってから1回もほかで働いたことがない。多くの料理長はいろいろな職場を変わって，いろいろな国へ行って勉強しているが，私は志摩観光ホテルに入って，1回も外国に修行に行ったことがない。1回もほかの店で働いたことがない。それでもここまで到達できたのは，理想を掲げ，具現化してきたから。理想を掲げれば，日本の社会では全部到達できる。

　お父さんが子どもにりっぱになれとよくいう。子どもがお父さんに「お父さん，りっぱとはどういうことですか」と聞くと，親は答えられない。それが今の社会なのである。役に立つということはどういうことかと答えられるのは，学校であり，社会であり，家庭でなければいけないと思っている。そのことが生きる尊さであり働く喜びであり，そして次の世代に残していくべき願いではないかと思うのである。

　人生の目的をはっきりと打ち立て，具体的に進むステップを決め，学ぶ気持ちを持ち続けて下さることを願って終わりたいと思う。

第11章

調理師学校を取り巻く社会環境の変化とその将来の展望

辻調理師専門学校TCI開発部部長 碓井 将夫

概 要

　現在，調理の現場で求められる仕事の内容は，調理師法が施行された当時（1959年）と比べいちじるしく変化を遂げている。特に，この変化に影響を与えたのが1960年代以降の高度成長，バブル経済，その崩壊，少子化，高齢者人口増加による人口構造の変化など社会環境の変化である。

　本章は，調理師教育の歴史と社会的環境に焦点をあて，調理師学校の誕生および目的からその社会的役割の変遷，調理師教育の概要，卒業生の就職状況を説明し，ホテル，旅館，外食事業界における現代の調理業界の実情および課題を説明する。さらに，食材のグローバル化，世界調達に伴い食の安全性の確保，および，食と健康のエキスパートとして現代社会における調理知識・技術者としての調理師の役割が問われる中，調理師教育の今後の展望について考察する。

1. 調理師教育の歴史と社会的背景

(1) 調理師法の制定と調理師学校の設立

　初めて調理師養成施設が設立されたのは，今から45年以上も前のことである。調理師法が1958年に施行され，翌1959年度より調理師養成教育が始まった。調理師法とは，調理師の資格を定めて調理の業務に従事する者の資質を向上させることにより，調理技術の合理的な発達を図り，国民の食生活の向上に資する

ことを目的としている。この法律の中で，調理師とは，「調理師の名称を用いて調理の業務に従事することができる者として都道府県知事の免許を受けた者」とされている。食生活が豊かになった今日では，調理師というとおいしいものを作るプロというイメージがあるが，調理師法制定の背景には，日本の食をとりまく環境を改善し食生活を向上させること，また国として衛生管理に取り組んでいく，といった趣旨も含まれていた。

調理師法が施行された6年後には，東京オリンピックが控えていた。さらにその6年後の1970年には大阪万博，東海道新幹線の開通が予定されていた。外国から観光客を迎えるため，宿泊施設や食事の充実など受け入れ整備に取り組まなくてはいけない，という国の計画も調理師法施行の背景にあった。時代はちょうど，戦後の日本経済の再編成に向けて岸内閣から池田内閣に変わった頃である。所得倍増計画など，日本は高度経済成長に向けて大きく動き始めていた。

1959年度より厚生大臣（当時）に指定を受けた施設による調理師養成教育が開始されたが，それ以前の料理学校というものは現在のように日本料理，西洋料理などに分類されて専門教育を行うものではなかった。食糧難の時代に公衆衛生の充実と栄養管理を目的とした現在の栄養学校の原型は設立されていたものの，一般的に料理学校というと主に女性を対象に割烹料理を教える料理学校だった。

調理師免許が初めて交付された1959年には，6万1,570人が免許を取得した。そして15年後の1974年には，その累計が100万人を突破した。東京オリンピックや大阪万博の開催が，調理師免許取得者の飛躍的な増加を牽引したのである。東京オリンピックが開催された1964年は外国人観光客の誘致，また海外旅行の自由化によって日本人が外国へでかけることにおいても新たな出発点となる年であった。

(2) 外国人観光客の受け入れ体制の整備——ホテル産業の誕生

外国人観光客の受け入れ体制づくりには調理師の養成のほか,ホテルマンの育成も必要だった。日本で最初のホテル学校は,調理師学校の誕生する20年以上前に設立している。実は1964年に東京オリンピックが開催される24年前,1940年には時代が世界大戦へ向かっていたために中止になった「幻の東京オリンピック」があった。ホテル学校はこの幻のオリンピックにあわせ,1935年に誕生している。

東京オリンピックが開催されたとき,大きな問題として浮上したのは,選手村の食事づくりである。世界90ヵ国以上の国々から集まる選手たちの数は,7,000人にも及んだ。世界中の料理2,000種類,延べ60万食という,これまでにない規模の食事を作らなくてはならなかった。そんな中で料理づくりに挑んだのは,日本ホテル協会の要請を受けた東京の帝国ホテルや丸の内ホテルなどである。それからこの時期にホテルオークラ,ニューオータニ,東京プリンスホテルなどの老舗ホテルが誕生した。第1次ホテルブームと呼ばれ,1970年代後半には,国際観光ホテル整備法により登録されたホテル・旅館の総軒数は2,000軒を突破した。1軒当たりの客室数はホテルが166.4室,旅館が50.2室で,総客室数は15万室だった。しかし,みずほ銀行の「日本の産業動向調査」によると,ホテル数は2000年度に8,000軒,総客室数60万室を突破した頃から増加が鈍化し,旅館については減少し始めている。

(3) 外食産業の黎明期——巨大マーケットへの成長

① ファミリーレストランの誕生——1970年代

大阪万博が開催された1970年には,東京の国立に「ファミリーレストラン」というコンセプトを掲げた洋食レストラン「すかいらーく」が誕生し,大阪ではプラザホテルやロイヤルホテル,千里阪急ホテルや東洋ホテルなどが誕生した。翌年の71年にはアメリカのハンバーガーチェーン「マクドナルド」の日本1号店が,東京・銀座の三越1階にオープンした。この時は,日本における

「外食元年」と位置づけられ，ここから外食産業の黎明期と呼ばれる時代に入っていく。飛躍的に外食の企業化・産業化が進み，外食産業は日本人の欧米化する食生活の変化とともに市場規模を拡大し，その内容も時代とともに変わっていったのである。

食事の場が，家庭から外へ広がることを「食の外部化」という。日本でこれが進んだ要因は，高度経済成長による所得の増加により生活水準が上がったこと，核家族と単身世帯が増え家庭内でもばらばらに食事をとる個食化が増加したこと，女性の社会進出による家事労働の簡便化・外部化，モータリゼーションの発展によって郊外の住宅でも車があれば気軽に外食に出かけられるようになったことなどである。

② 外食産業の成長とマーケットの巨大化

外食元年から35年，外食産業は非常に大きなマーケットに成長した。外食産業総合調査研究センターによると，2004年の外食産業の市場規模は，前年より0.5％減少したものの，24兆4,738億円である。飲食店の市場規模は前年比0.2％減だが，ファーストフードのハンバーガー店などは0.4％増加している。持ち帰り弁当や惣菜などの「料理品小売業」も5兆9,312億円で前年度より1％増加している。近年，若干の減少傾向にあるものの，外食産業は他の産業と比較しても非常に大きな産業といえる。

一方，料理の世界と大きな関わりをもつホテル・旅館は，客室利用率は若干上昇しているものの，旅館の宿泊および日帰り利用人数の減少により客室稼働率は低下している。観光産業は地震などの災害に影響を受けやすく，事故や事件の風評被害によっても打撃を受ける。テロ事件やSARSなどの影響で海外旅行の需要が萎縮し，国内旅行のニーズが高まったかと思うと，思いがけない事故や事件で温泉地に閑古鳥が鳴くこともあった。外食産業では，例えば，BSE問題で牛丼店や焼肉屋などが経営危機に陥いると，その一方で，イベリコ豚をはじめとするブランド豚やジンギスカンのブームが起きている。このように，

ある業態が打撃を受けることがあっても，外食そのもののニーズには影響しない。しかし観光産業の場合は，危険だと感じれば旅行を取りやめるため，平和でなければ成り立たない産業といえる。

2. 調理師学校の概要

(1) 調理師学校の教育カリキュラム

　厚生労働大臣が指定する調理師の養成施設を卒業すると調理師免許を取得することができる。調理師学校に行かないで調理師を目指す場合には，調理師試験に合格しなくてはいけない。この試験は厚生労働大臣の定める基準により調理，栄養，衛生に関しての必要な知識と技能を問うものである。中学校卒業後，2年以上給食施設，飲食店営業，魚介類販売業，惣菜製造業で調理の業務に従事することを受験資格とし，食文化概論・衛生法規・公衆衛生学・栄養学・食品学・食品衛生学・調理師論の7教科の試験を受け，合格すると資格を取得できる。

　調理師免許とは，前述のとおり，調理師法に基づいて，調理，栄養，衛生に関する知識と技術をもつ者として都道府県知事から調理業務の免許を受けることである。この免許の取得に必要とされる知識や技能の習得を行っている養成施設は，厚生労働大臣が指定した施設である。その指定の対象は学校教育法に基づいて設立された学校であること。2004年度実績として，全国に270校ある。教科科目と授業時間数，養成施設の長の資格，教員の数とそのうちの専任教員が占める割合，教員の資格，一度に授業を行う生徒の数，校舎の中の教室と調理実習室の数とその面積，集団給食実習室の面積，教室に具備すべき実習用の機械器具や備品などに基準がある。

　調理師養成施設の大部分は，学校教育法に基づいて設立されている学校であるため，調理師養成施設は，専修学校，各種学校，高等学校などがあり，調理師養成施設として厚生労働省から，また学校としてそれぞれの都道府県知事か

ら学校の運営，教育の内容，カリキュラム，教員の資格，設備について指導が行われている。

　調理師養成施設の教員の数は，施設の定員学級数によって異なるが，例えば総定員が160人で，1学級の週当たりの平均授業時間数が30時間の場合は，10人以上の教員が必要となる。調理師施設を卒業して調理師免許を取得した後，教育に携わりたい者は，養成施設の助手として教育，研究，実地指導を経験することで，教員になる道もある。調理師養成施設の教員資格認定研修は，厚生労働省から委託を受け，社団法人全国調理師養成施設協会が行っている。この協会は，調理師養成施設の設立者らが任意団体として設立し，その後社団法人になったもので，正会員は208校，全国の調理師養成施設の77％（専修学校にあっては93.3％）が協会に加盟している。

　調理師養成施設に入学できる者の条件は，学校教育法第47条に規定する者，つまり中学校を卒業した者であれば誰でも入学資格がある。しかし，専門学校の専門課程については，高等学校を卒業した者（高等課程および一般課程は中学卒でよい）となっている。調理師養成施設の修業年限は1年以上となっており，夜間部については授業時間の関係で1年6ヵ月以上となっている。

　調理師養成施設を卒業すると，無試験で調理師免許の取得資格を与えられるので，教育の内容はプロの調理師として必要な知識と技能の習得のすべてにわたって行われる。1年制の専門学校，専修学校高等課程では，食文化概論と衛生法規がそれぞれ30時間以上，公衆衛生学と栄養学がそれぞれ90時間以上，食品学が60時間以上，食品衛生学が120時間以上，調理理論が150時間以上，調理実習は300時間以上となっており，8つの必修科目の最低授業時間は960時間以上になる。また，外国語や食生活論，経営学などの選択必修科目も90時間以上と定められており最低授業時間の960時間以上の中に含まれる。このカリキュラムに加えて，調理師に必要な語学や茶道などを特別授業として実施している学校も増えている。

　そして2年制の専修学校専門課程では，高度な調理技術を習得し，複雑多様

化する調理業務に応える優秀なスペシャリストを養成するため，1年制の教科科目960時間に各調理師養成施設が定める教科科目と授業時間が加えられ，2年間で1,800時間程度の授業を行う。

(2) 調理師免許取得者数の推移と，調理師養成施設数とその定員数

　調理師養成教育が始まって45年以上になる。この間，学校数は17施設から270施設へ増加し，卒業生も年間270人から2万人を越えるまでになった。調理師法が制定されてから2003年度までの調理師免許交付者数の累計は323万2,738人，このうち調理師養成施設の卒業生は72万人となっている。養成施設卒業者をはじめて社会に送り出した1960年には0.2％に過ぎなかったものが，1970年には14.5％，1985年には31.9％，2003年には36.3％に達している。

　調理師養成施設は北海道から沖縄まで全国にあるが，2004年度実績において北海道で16校，東北で29校，関東・甲信越で52校，東京24校，東海・北陸45施設，近畿・中国・四国で53校，九州・沖縄で51校，合計で270校となっている。

　学校の群別では，専門（専修）学校が最も多く150校，高等学校が102校，短大が14校，各種学校が4校となっている。定員別で見ると，近畿・中国・大阪が7,528人で最も大きく，東京が6,617人，関東・甲信越が6,616人，東海・北陸が5,197人，九州・沖縄が4,506人，東北が2,476人，北海道が1,710人である。さらに詳しく県別に見ると，東京都がトップで6,616人，次いで大阪が3,380人，その次が愛知県で2,070人となっている。調理師の免許交付人数が最も多かったのは，1974年の10万6,782人，近年は6万人台から5万人台に推移しており，2001年度が5万5,610人，2002年度が5万5,620人，2003年度の調理師免許交付者数は5万5,771人となっている。

(3) 調理師養成施設卒業生の就職状況

　さて調理師学校卒業生の就職先はホテル，旅館，レストラン，割烹店，種々の飲食店，病院，学校など広範囲である。日本における外食産業は，ファミ

リーレストランから始まった外食産業の黎明期，高級グルメブームが到来したバブル期を経て，現在は「食と健康」がキーワードになっている。現在では不況による就職浪人やリストラなどが問題になっているが，厚生労働省の「国民栄養調査」，文部科学省の「学校給食統計」などのデータによると，毎日6,400万食にのぼる大量の食事が生産され，国民に供給されている。この数字を見ても外食産業は景気に左右されにくい産業といえる。そして特徴的なのが，中食と呼ばれる料理品小売業が約6兆円の規模に成長し，今後も増加傾向にあることである。高級レストランやファミリーレストランなどさまざまな業態で，テイクアウト用のデリが充実している。

外食産業にも時代とともに流行りすたりがある。例えば最近ではベーカリーブーム，カフェブームがある。カフェブームに見られる特徴は，オーナーやシェフの年齢が一般的な飲食店の経営者よりも若いということである。「手作り感」や「オリジナル感」が見直されている時代の中で，若い世代は「くつろぎ」や「スローフード」「隠れ家」などをコンセプトにした，カフェという新たな業態を生み出した。喫茶店のような軽食ではなく料理は手作り，アルコールを置く店もある。このように旅館，ホテル，レストランなどに就職してからも，経験を積み，腕に磨きをかけることで，将来的には独立や開業も可能になるし，新しい食のブームを作ることもできる。

(4) 調理師学校卒業者の就職率とその特徴

文部科学省が行った2004年度の学校基本調査によると，高校卒業後の就職率や短期大学への進学率が減少する一方で，専門学校への進学率は毎年伸びており，現在では高校生の卒業後の進路として専門学校への進学が大学進学に次ぐ第2の進路となっている。就きたい職業と直結した授業を行っているため，大学生や社会人の入学も増加している。専門学校の教育分野によっては，都会と地方とで就職率に差があることもあるかもしれない。就職率は調理師学校全体で順調に推移しているといえるが，近年はホテルの洋食部門よりも専門店や製

菓,ベーカリーへの就職が増えているという特徴も見られる。

　2003年1月に厚生労働省が発表した求職者総合調査にも,これを裏づける結果がでている。厚生労働省では2回にわたって調査を行ったが,第1回目の調査を受けた全求職者のうち第2回目の調査までに資格を所持・取得した人の分野と割合は,技能系が22.7%,事務系が14.4%,専門系12.5%,技術系3.4%,その他15.9%となっている。そして免許・資格の所持の有無別就業率を見ると,技術職・専門職の免許を所持している人の就業率が最も高く,70.9%となっている。技術系の資格であるソフトウェア開発技術者(旧第一種情報処理技術者)の取得者の就業率が74.9%で第1位,介護福祉士が第2位で74.6%,調理師は第3位で72.9%となっている。需要の高いIT関連,介護福祉士に次ぎ,調理師が第3位となっている。専門職というのはやはり景気に左右されにくいといえる。

3. 調理師教育の今後の展望

(1) 高齢化社会と個食化への対応
① 高齢者人口の増加と食環境の整備

　平成16(2004)年10月1日現在,日本では65歳以上の高齢者数が全人口の19.5%を超え,国民の5人に1人の割合に達している(『17年版 高齢社会白書』)。いまでは世界の長寿国として知られる日本だが,日本人の平均寿命が男女共に50歳を越えたのは戦後になってからのことである。

　わずかな期間に驚異的な速度で平均寿命が伸びたのは,経済発展に伴う生活水準の向上と栄養条件の改善,米を主食としバランスの良い食材を副食とする伝統的な食習慣と肉や乳製品など欧米から入った高たんぱくな食事方式との調和,医療の進歩と公衆衛生の充実などが要因として考えられる。高齢になればなるほど,食事の時間は生活の中で重要な時間となっていく一方で,核家族や少子化により高齢者がひとりで食事をしなければならない,体力や足腰の筋力

の低下により買い物や外食に行きにくいなど，食事の楽しみ方に問題を抱えている。高齢になることでの食生活の大きな問題としては，消化吸収力の衰えや咀嚼する機能の低下，味覚，視力の低下がある。高齢者に必要な栄養は，1群に乳製品や卵，2群に魚介や肉，豆，3群に緑黄色・淡色野菜，果実，イモ，4群に穀物，砂糖，油脂とされている。年齢で判断するのではなく，高齢者の生活習慣や体調を知り，一汁三菜を基準にバランスのいい食事を提供しなくてはいけない。

　咀嚼力が低下しているからと食材を細かく刻んだり，すりおろすだけでは口に入れたときの感覚が単調になる。食事というのは，色や形，盛り付けなど五感を補う調理工夫をすることで食欲は増進する。また高齢者は，味覚の低下の中でも特に塩味を感じる感覚の低下が強いとされている。これについては，薄味にしながらも，だしや旨みで一品一品の味付けに強弱をつけるなど，提供者が工夫することで食欲を低下することなく食することができる。レストランで高齢者の食事の充実を図るなら，季節感や旬を感じる食材を選ぶ，お正月や七夕などの行事を食に盛り込む，室温や照明の明るさ，持ちやすい食器に気を使うなど，多方面から考えなくてはならない。

　② 食空間のノーマライゼーション
　これからはユニバーサルデザインのレストランも必要になってくるであろう。車椅子に対応するためにレストラン中に手すりをつけ，階段をなくしスロープにする，というのは親切だが，内装が病院のようになってしまう。これでは情緒性に欠けお客を満足させるサービスを提供することができない。「おいしさ」は，味覚，視覚，聴覚，嗅覚，触覚の五感で感じるといわれているが，実験と統計によると，その中で味覚が占める割合は1～5％にすぎないそうである。それに引き換え視覚は全体の80％を占めている。目隠しをして鼻をつまんで食べると，ジャガイモとリンゴの区別がつかなかったり，暗闇の中では何を食べているかわからないという実験結果もある。人間は目の前の桃を，「やわ

らかくて甘そう」と目が認識することによって，口に入れたときに「おいしい」と感じるのである。おいしく見せる盛り付けや店内の雰囲気などを重視し，高齢者や子どもに快適なノーマライゼーションの食空間を提供していくのも，超高齢化社会を迎える日本の食の世界を担っていく人の課題になっていく。

③ 食の個食化

　また，家族が家で一緒に食べても，各々が別のものを食べる家庭が増えてきているという。個人の好きなものを好きな分だけ食べたいという嗜好性の欲求，ひとり分を容易に購入できる調理済み食品の発展，家族の生活スタイルの多様化，家族の食事に対する考え方の変化など，社会環境の変化が個食の背景にあると考えられる。このように家族がいてもひとりで好きなものを食べる家庭が増えているが，定年を目前にした団塊の世代や元気な高齢夫婦など，子どもが独立し経済的にもゆとりのある家では，ひとりもしくは夫婦で食べることが日常となり，食べることを楽しみたいという食に対するこだわりが強くなってくる。そのためレストランでも，個食に対応するメニューづくり，雰囲気づくりに取り組み始めている。有機食材とスチーム調理の組み合わせというヘルシー感をうりにする店もあれば，ブランド素材を使った高級な料理店もある。さらに，調理法や食事そのものの魅力ではなく，スローフードやマクロビオティックのように，ライフスタイルとして食を提案する業態もある。食生活が豊かになり食事にこだわるほど，人はただお腹を満たすのではなく，付加価値のある「おいしさ」を追求したいと考えるようになる。高度経済成長期やバブル期には純粋に「食事」だった外食は，21世紀には「食空間」に変わっていく。そういった「食空間」を，余暇ではなく日常のものとして，適正な価格で選びたいという消費者の欲求が高まってきている。

④　中食マーケットの成長とライフスタイルの変化

　食のもうひとつのスタイルが「中食」である。女性の社会進出や単身者の増加，コンビニエンスストアの急増，そして個食化に伴い，飛躍的な成長を遂げている。景気に左右されにくいといわれる食品産業もバブル崩壊後には打撃を受けたが，惣菜業界は順調に推移してきた。実収入が減少したことで外食から中食へ移行した消費者が増えたことや，ライフスタイルの変化に伴い家庭での団らんを重視する傾向にあることなどが伸びの要因とされている。さらに高齢化社会も追い風となり，老夫婦のみの世帯では，家庭での火を使った調理を嫌ううえ，一般の世帯ほどの量を必要としないことから，外食に加え中食の依存度も高まっている。高級レストランのトレトゥール（フレンチ惣菜），インターネット上のヘルシーな惣菜の仮想商店，スローフードを提唱するレストランの有機食材を使ったデリなど多様にあるが，今後は高齢者向けの中食の充実が求められていく。やはりここでも，適切な栄養素を満たしているだけではなく，歯ごたえ，香り，彩り，盛り付け，など五感に訴える付加価値のあるものが人気になっている。

　高付加価値の食に対する追求が高まる一方で，少子高齢化は着実に進んでいる。前述のとおり，現在，日本で65歳以上の高齢者数は全人口の19.5％を超え，国民の5人に1人の割合に達している。若い人が減るということは労働力が落ち，経済力が落ちるということになる。日本のように食べるものや着る物などの資源を海外に頼っている国の為替レートは円安の傾向に振れていき，海外から非常に高い値段で生活資材を買わなければいけなくなる。それを日本で加工するとなると，若い人が減り労働力が落ちている状況では労働コストの調整を行わなくてはならなくなる。大手の人材派遣会社では40代後半から50代，元気な60代の求職者を対象にしたシニアやシルバーの人材派遣の試みがすでに始まっている。

⑤ 労働コストの調整に伴う調理の機械化，IT化

　元気な高齢者を労働人口として考えていく一方で，もうひとつ，労働コスト調整を支えるものとして機械化，IT化というものがある。飲食業における調理の部分に関しても，食品や料理の製造コストを圧縮するという意味で，10年前，20年前とは変化が生じている。これまで料理人というと，包丁1本に象徴される個人技術と才能の世界であったが，これからコスト的な余裕がなくなっていくと，機材調理を行うことが必要になってくる。若い人が少なくなり人件費が高くなるため，客単価の高い一部の高級料理店を除くと，効率よく調理していくことがほとんどの飲食店で急務になり，機材調理の需要が高まっていくと考えられる。

(2) 調理世界のIT化——機材調理

① 機材調理とは

　機材調理とは，例えばスチームコンベクションオーブンや急速冷却器・ブラストチラーなどを使って調理することである。最近，テレビのコマーシャルでは「エレック」という家電が注目を集めているが，これは業務用のスチームコンベクションを家庭用家電に仕様を変えたものである。スチームコンベクションオーブンというのは，温度とスチーム量を設定して調理を行うオーブンである。煮る，焼く，蒸す，炊く，茹でるということを全部やってのける機材だが，最近では揚げ物の機能がつくものもでており，これひとつで加熱調理の約8割をこなすことができる。家庭用のオーブンよりもやや大きい程度の小型から，一度にホテルパンを40個も入れることができる大型まで，さまざまなサイズのものがある。蒸気をかけながら焼くので，魚や肉のローストなども，中はジューシーでやわらかく，表面はこんがり焼くことができる。プロさながらの専門料理を，この機材ひとつで実現できるわけである。

② スチームコンベクションオーブン

スチームコンベクションのメリットはいろいろあるが，そのひとつは，スチーム調理，いわゆる蒸し調理が手軽にできるということである。スチームコンベクションは表面を乾燥させたくない調理に最適で，細かい温度制御も可能であり，卵を使った繊細な調理，例えば茶碗蒸しやプリン，温泉卵や卵豆腐のような調理に関しては，蒸し器よりも手軽に上手にできる。茶碗蒸しやプリンなどは，85℃くらいの比較的低温でゆっくりと時間をかけることにより，すがたたないのはもちろん，驚くほどなめらかに仕上がる。また煮物などでも材料のロスを防ぐことができる。例えば，じゃがいもや大根を茹でるとき，鍋の中の水が熱くなって回転し煮崩れしてしまうため，面取りをしておかなくてはいけないが，スチームコンベクションオーブンを使った調理では，だしが回転せずにそのまま温まるため，面取りが不要になる。油落ちする機能，しない機能など，多くの機能が開発されている。機材を使いこなすには，相当深い専門知識，技術が必要になる。

③ クックサーブシステム，クックフリーズシステム，クックチルシステム

機材を効率よく，大量に調理していく中で，重要になっていくのは安全管理である。調理のシステムには，お客の注文に応じてそのつど作るクックサーブシステム，加熱調理後の食品を90分以内に最低－5℃以下に急速冷凍し，－18℃以下で冷凍し保存するクックフリーズシステム，加熱調理後の食品を90分以内に0～3℃に急速冷却するクックチルシステムがある。注文を受けてから作るクックサーブシステムは現在一般的に実施されているが，作りたてで新鮮というメリットはあるものの，調理に時間がかかるので大量調理には向かず，品質管理が困難，合理化が図りにくいというデメリットがある。2つ目のクックフリーズシステムは，生産とサービスを分離させることで，作業の平準化が図りやすい，賞味期限が長く（約8週間），期間中では栄養価やおいしさの損失が少ないというメリットがあるが，冷凍技術のグレードによって，品質が影響さ

れやすいという難点もある。

　3つ目のクックチルシステムというのは，一番新しい調理システムであるが，冷却方式によって，ブラストチラー方式とタンブルチラー方式の2つがある。ブラストチラー方式は80～90℃のものを約－20℃の冷風によって急冷し，タンブルチラー方式は食品を約0℃の冷水中で急冷する。これは真空調理法の一例で，菌の発生，繁殖も防ぐため，ホテルの宴会施設や結婚式場などでの大量調理には有効である。また食品が氷結点に達しないため，細胞の破壊がなく，新鮮さを保持しやすい，計画生産による経済的利点が大きいというメリットもある。レシピや作業のマニュアル化が重要となるため，マネージメント能力が求められるのは，先ほどのスチームコンベクションオーブンと同じである。これからの料理人は，料理を作るだけではなく，いかに調理工程を設計し，コントロールすることができるかが問われていく。職人というよりは，エンジニアに近づいていく時代に入り，機材を使って調理コストの調整を行っていくようになる。

(3) 食材調達のグローバル化と安全性の確保
① 輸入食材の安全性問題

　このように機材を使った調理がこれからは主流になっていくと思われるが，輸入食品の安全性の問題も問われている。戦後の食糧難時代から大量生産体制を実現し，スーパーマーケットや外食店が出現した高度経済成長期には大量消費を実現，そして昭和から平成にかけて「飽食の時代」を迎えている。食生活の多様化に伴い，飲食店だけではなく食卓の国際化も進み，日本にいながら世界の料理を楽しめるようになった。かつては国内農業保護のための輸入制限品目は100余りであったが，今ではコメもその対象ではなく，輸入制限品目は農水産物で10余項目となった。輸送・貯蔵技術が進歩し，生鮮食品の輸入が増加し，カボチャ，タマネギ，ブロッコリーなどに加え，サラダ菜など葉ものも輸入されている。水産物についても，かつては世界有数の水産資源国であった日

本が，今では世界最大の輸入国になっている。輸入食品の増大を食のグローバル化ともいうが，これによって日本の食料自給率は年々低下し，2003年度にはカロリーベースで40%，食料の6割を輸入食品が占めるようになった。このような食のグローバル化で常に問われているのが，安全性なのである。飽食の時代を経て，食の多様化が進んだこと，海外旅行の経験が豊富な消費者のニーズが広がっていることなどにより，新しい食材は日に日に増えている。これまでは生産・製造者優先型の流通だったものが，マーケットイン型の流通体制に変わってきている。フェンネルやセロリアックなど新しい洋野菜が増えている一方で，伝統野菜や地方野菜なども増えている。

② 食産業と農業におけるバイオテクノロジー技術の応用とその安全性

また，バイオ野菜，機能野菜というものもある。バイオテクノロジーの技術は，20世紀末より今後の食産業と農業を担うものとして注目されてきた。気候や土壌などの自然による諸条件で収穫を左右される農産物において，特定の外虫に強い品種や増収を可能にする遺伝子を組みこんだ穀類などが，すでに導入されている。世界で最初に作られたバイオ野菜は1995年，アメリカのベンチャー企業カルジーン社の作った日持向上トマト「フレーバーセーバー」である。野菜にはビタミン，ミネラル，食物繊維などの栄養素を含有するものが多く，「がん予防の可能性のある食品」としてそれ自体がすでに機能性食品として取り上げられることもある。現在ではバイオ技術によってさらにこの機能を高めた品種の開発が行われている。ビタミンA効果を有するβカロチンやビタミンC含有量を高める効果のあるリコピンなどを，通常より数倍多く含むトマトやピーマンが登場している。キャベツと小松菜を掛け合わせた食材，マツタケの香りのするシイタケなど，食材開発は広がるばかりである。

しかしその一方では，ポストハーベスト（収穫後の農薬処理）や食品の安全性をめぐる問題が注目されている。1999年度に農林水産省が行った「食料品消費モニター調査」の結果によると，「何らかの理由で食品の安全性に対して不

安を有している者」の割合は95％に達している。不安項目で上位を占めているのは「輸入原材料」，「農畜水産物の生産過程での安全性」などで，このような不安の広がりを背景として，翌2000年には改正JAS法が施行された。これによって罰則規定も含む生鮮品全品目に関する原産地表示義務や有機農作物の認証などが実施されるに至っている。これは青果のみならず，食肉，水産物にも適用され，販売（取引）行為を行うすべての人が担うものとされており，直売所や宅配で青果を販売する生産者や出荷団体も，有機の認証，検査を認証機関の審査を受けなくてはいけない。同じ時期に，飲料・農業・農村基本法や卸売市場法，大規模小売店立地法など，青果物流通に関係する諸法の改正も，農林水産省，経済産業省から施行された。これは，食料自給率の低下や輸入量拡大に伴う国際的な価格競争の激化を受けて，農業や卸売市場の構造的不況を打開するための取り組みである。さらに，国内の廃棄物量が年々増加していることから，90年代後半からの容器包装リサイクル法，食品リサイクル法が施行された。食品リサイクル法は，年間100ｔ以上の食品廃棄物を出す事業者に適用されるもので，2006年度内に年間排出量の20％をゴミの発生抑制やリサイクルにより削減しなくてはならない。しかし農林水産省の2002年度の推計によると，外食産業は313万トンの廃棄物のうち８％しかリサイクルできていない。

また，2000年度に東京都が実施した消費生活モニター調査の結果によると，不安を感じる食品の第２位に「遺伝子組み換え食品」があげられた。同年に厚生労働省より遺伝子組み換え食品には表示義務が課せられているが，輸入が増加している昨今，国内の厳しい安全評価基準が貿易摩擦に発展する可能性もあるため，厚生労働省の動きが注目されている。1997年のＯ－157事件，乳業会社の食品衛生法違反，BSE（牛海綿状脳症いわゆる狂牛病）事件など，食に関する事件も相次いでいる。1995年までは年間1,000件以下に抑えられていた食中毒の発生件数も，Ｏ－157が猛威を振るったことを機に増加し，99年，2000年には2,000件台になった。ここ数年，食中毒件数は減少してきたものの死亡者が増加している。食品の安全性の確立，食材残滓のリサイクルなどに取り組む

ため，HACCAP（ハサップ）や環境ISOなどを導入する外食産業や食品メーカーも増えている。HACCAPは，細菌をつけない，増やさない，殺す，ための具体的方法をシステム化するものである。どの企業でも，コスト削減に取り組み，従業員の教育費などが減少してきているが，ISOやHACCAPを導入することで従業員教育を同時に行うこともできる。

(4) 食と健康のエキスパートとしての調理師の役割
① ホテル，旅館，外食事業者内における調理師養成の実状
　企業のコスト削減により，従業員の教育・研修費は以前と変わってきているが，それは料理の世界でも同じである。昔は中学を出たばかりの若者が飲食店に入り，皿洗いから修行を積んで10年以上かけて調理師として一人前になっていくということがあったが，現在は仕事を教えながら時間をかけて育てていく余裕がない。フランチャイズの飲食店では，企業理念と作業内容が書かれたマニュアルが充実しており，先輩社員がもはや新人を一から教えるということもない。旅館やホテルの宴会予約の減少からも，研修旅行が減っていることは明確である。

② 調理師の高学歴化に伴う専門知識と技術の向上
　労働人口が少なく人件費が高い社会においては，ひとりずつ時間をかけて教育し一人前にする余裕がないため，調理師としてホテルやレストランに入社した時点で，ある程度の仕事をまかせられる専門性を重視することになる。前述の文部科学省が実施した2004年度の学校基本調査からも，専修学校への進学率が向上している背景として新人教育にかかる時間や費用の削減などの理由から専門的な技術や知識を学んだ専門学校生に対する社会的評価が向上し，企業のニーズが高まっていることが分析できる。学生側も，就職後に役立つ実践力を身につけたいということから，実学思考が強まっており，結果として専門学校への進学率が高まっている。より現場で専門性が重視されることで，1年もし

くは2年かけて調理師学校で専門の技術を身につける，海外へ留学する，食品の安全管理や栄養学を大学で学ぶなど，調理師の高学歴化が進んでいくと思われる。

③ 国民の健康づくりの担い手としての調理技術者

日本調理師会では，厚生労働省が推進する「21世紀における国民の健康づくり運動（健康21）」の趣旨に沿って，食品の油や食塩などの調味料の使用に工夫をこらしたメニューの作成，料理別の栄養価計算の方法や表示についての知識と技能を修得する調理師向けの健康事業を行っている。社会的に資格思考が広まっているが，食事の偏りによる肥満や健康障害，環境汚染による生鮮・畜産物の汚染，添加物やホルモンの問題など食の問題を総合的に学び，的確な指導やアドバイスを行うための資格を取得する調理師や栄養士も増えている。調理師としてデビューした人を対象にした，新しい資格や学びの機会がこれからもっと増えていくものと思われる。

毎日6,400万食にのぼる大量の食事が生産され，国民に供給されているわけであるが，経済の発展，科学技術の進歩，人口の高齢化により，人々の価値観は多様化し食生活も変化している。現在は，グルメブームの中でも「食と健康」が大きな関心ごとになっている。外食や中食の傾向が進み，食事に文化性や健康性が求められている中で，これからの調理師は健康づくりの専門的な技術と知識をもったプロとしての役割が期待されている。

参考文献

全国調理師養成施設協会編『全国調理師学校（養成学校）ガイド2006』全国調理師養成施設協会（調理栄養教育公社），2006年

日本フードコーディネーター協会編『フードコーディネーター教本』柴田書店，1998年

日本フードコーディネーター協会編『プロのためのフードコーディネーション技法』平凡社，2002年

「フードビジネス面」『日経流通新聞』2005年8月15日

文部科学省「平成16年度学校基本調査」

「平成16年度外食産業市場規模推定について」財団法人外食産業総合調査研究センター

みずほコーポレート銀行産業調査部「2002年度の日本産業動向」

「観光レクリエーションなどの設備」『昭和55年度運輸白書』

厚生労働省「平成15年1月求職者総合実態調査」

食料需給情報ステーション＝農林水産省総合食料局食料企画課
　http://www.kanbou.maff.go.jp/www/station/index.htm

healthクリック＝healthクリック事務局　http://www2.health.ne.jp/

内閣府「平成11年度高齢化の状況及び高齢社会対策の実施の状況に関する年次報告（概要）」http://www8.cao.go.jp/kourei/whitepaper/w-2000/haku0011.htm（少子化対策・高齢化対策のページより）

内閣府『平成17年版　高齢社会白書』ぎょうせい，2005年

第12章

今，まさに起きつつある外食産業のパラダイムシフト

西武文理大学サービス経営学部教授　松坂　健

概　要

　日本の「食」のシーンが大きく変わろうとしている。それは，「より高品質のものを，より安く」の理論で市場を拡大させてきた外食産業の「位置取り」が変わろうとしていることの裏返しでもある。

　1970年の大阪万博開催以来，日本の外食売上げは一貫して右肩上がりの成長をつづけてきたが，その原動力は店数を武器に，商品の価格と質をドラマチックに改善したチェーンストア勢力によるマスマーチャンダイジング（大量生産による商品革命）の思想だ。

　その結果，多くの消費者が家庭内調理を捨て，外食に走ったわけだが，その成長に翳りが見えたのが1997年。バブル崩壊，長期の不況の中で，外食マーケットはおそうざい，持ち帰り弁当に市場を奪われていく。これを単なる限りある胃袋の数をめぐるゼロサムゲーム的争奪戦と見るのではなく，消費者の「食」に対する価値観の変化として読み取ることが大切ではないだろうか。

　その変化の兆しを，2005年から2006年にかけて，今の東京を代表する2つの繁盛レストランの事例から探ってみる。そして，そのキーワードは「おいしい」から「おいしく」への転換，そして「安心・安全」だ。

1. 未来を予見させる2つのレストラン

　まず，新しいタイプのレストラン2店のスケッチから入りたいと思う。

　長い間，外食産業の世界を眺めてきて，この3，4年で，大げさにいってしまえば，20世紀型と21世紀型のフードサービスの違いといったものがはっきり見えてきたような気がする。そんな21世紀型を予感させる代表的な2つのタイプの店ということで，紹介しようと思う。

　まず，初めが東京・青山にある「カシータ」というレストラン。東京のマーケッターたちが（好き嫌いは別にして）こぞって，ニュータイプのレストラン発想と見なす店である。

　予約を入れる。この時，相手は予約者の氏名はもちろんだが，同行者の氏名，社会的なステータスなども尋ねる。もちろん，答える義務はないが，知らせておく方が，レストランに行ってからの楽しみが増える。

　当日，お店に行くと，いきなり「〇〇様ですね」と名前を呼ばれる。これから先は，どのギャルソン，メートルドテルが出てきても，基本的には名指しサービスが徹底される。最初のサービスはメンバーが揃うまでの食前酒。メインダイニングホールに入る前に，ビルの屋上を利用した屋外のコーナーに案内される。まずは，外気のあたるところで一服を，という趣向だ。外気に当たるから，冬は当然寒い。電気ストーブがあるのと，貸してくれる電気毛布をかぶりながら，キールとかを啜るわけだ。寒いときは，その寒気を味わう。それが脱・日常というのが，このレストランのオーナーの考え方なのである。

　しばらくすると，メインダイニングに案内される。シャンパンを注文すると，サーベルでシャンパン瓶の口の部分を切る見せ物的なパフォーマンスをお客さん自身にも，やらせてもらえる（普通にコルク抜きで栓を開けるのではない）。よく見ると，レター風の紙がテーブルに置いてあって，それがメニュー。ペーパーには，会食参加者の名前が「Welcome Mr. Matsuzaka」といった風な文言で記されている。リネンのナフキンにも各自の名前が刺繍されているという

念の入り方である。

　このカシータというレストランではすべてが，このように進む。参加者の中に誕生日の人でもいれば，ハッピーバースデーソングのプレゼント（これはありがちだが）にフラワーシャワーと打ち上げ花火という大盤振る舞い。全体に，ウェイターやウェイトレスがよく話しかけてくるし，そのタイミングや話材の選び方など，なかなかやってくれる。

　静かに夕食を楽しみたいという人には不向きだが，レストランにある種の息抜き，エンターテインメントなものを望む人には，意外な接遇の連続，適度にカスタマイズされた店側の人とお客の交流のあるこの店は，たいへん面白いレストランということになる。

　実際，カシータが展開を始めて足かけ3年，今は青山と麻布十番に店があるが，どちらも予約でいっぱいという状態が続いている。

　こんなカシータが教えてくれる教訓（レッスン）とは，いったい何だろう？

　さて，もうひとつのビジネスモデルは，九州は博多でブレークし，2005年11月に東京にも進出を果たした（東京駅前丸の内TOKIAというビル内）「野の葡萄」というレストランだ。

　こちらはビュッフェレストラン。昼いくら，夜いくらと定額をお客から徴収し，あとはお客に自由に食べてもらうという，いわゆる「バイキング方式」をとっている。

　これだけなら，別に目新しいところはない。ホテルなどではむしろ当たり前のやり方だが，違うのはビュッフェテーブルの上に並ぶ料理のあり方。

　「野の葡萄」が目指す業態を筆者は「オーガニックビュッフェ」と呼んでいる。これまでのビュッフェのようにできるかぎり和洋中料理を揃え，品種の数を多くして目先のバラエティの魅力を訴えるのではなく，こちらはオーガニック（低農薬・有機栽培的）な素材にこだわって，その素材を使った料理を家庭料理の延長線的に提供しようというものだ。

　これまでのビュッフェレストランがあらかじめメニューがあって，それに

従って食材を調達し，調理するという手順だったのに対し，オーガニックビュッフェはまず素材ありき。季節ごとに入手できる素材を前提に，それを生かすメニューを考えて，ビュッフェテーブルの上に載せる。だから，ビュッフェといっても，料理の分野的なバラエティは狭い（品種が少なめ）が，たとえば，有機の豆腐という素材があれば，冷奴もあり豆腐ハンバーグあり，豆腐サラダあり，豆腐の煮付けありといった具合に趣向豊かに展開される（品目は多い）という方法論なのである。

結果として，「野の葡萄」に来れば，体にいい食材の料理で，しかも「お袋さんの味」的なものがたっぷり食べられるということで，大盛況となっている。福岡の天神イムズというファッションビルの250席近くある大箱を皮切りに北九州，そして東京へとオーガニックの威力を存分に発揮した展開になっている。こちらはビュッフェだから，ウェイター，ウェイトレスのテーブルサービスこそないが，ビュッフェに料理を運ぶスタッフたちの賑やかなかけ声などがあって，店の雰囲気は市場のそれに似た活気がある。その人なつこさも，このタイプの店の魅力だと思う。

2. カシータの楽しさはどこから来るか？

ということで，のっけから今，繁盛の真っ盛りにあるお店の様子を具体的に述べることから始めたのだが，この2つが示している「食」のトレンドとは何だろう？

答えを先に禅問答風に言ってしまうが，「20世紀はおいしいものを食べさせれば繁盛した時代。21世紀は，おいしく，ものを食べさせる時代」ということになろうかと思う。「おいしい」という形容詞ではなく，「おいしく」という動作にかかる副詞が重要なキーワードになってきたということだ。

つまり，20世紀は「モノ」中心の価値で，おいしいものをできる限り安く，という価値を追求したフードサービスチェーンが勝ちを収めてきた。ファース

トフードサービス（FFS）もファミリーレストラン（FR）も，お客さんが買い求めやすい価格の範囲内でおいしいものの開発に躍起となってきた。そのためには，食材調達のスケールメリットを出すために急速な多店化が至上命題になっていた。また，個別の店の収益力を確保するためには，人件費率のドラマチックな低減が必要で，結果として接客密度の切り下げ，未熟練アルバイトの大量採用などの手術を繰り返し施してきた。すべて，「よいものをより安く」という旗印のもとで行われてきたものだ。

　1990年代に入って，日本経済の足踏みがあって，外食産業のデフレ化に拍車がかかった。マクドナルドの一連の価格破壊の動き，すかいらーくがガスト業態で攻勢をかけ，牛丼の吉野家が1杯280円という底値強襲で勝負をかけてきた10年間が，20世紀最後のワン・ディケイドということだったと思う。

　その10年が残した遺産が何であったかというと，決してプラスのものばかりではない。マクドナルドは，その後デフレ価格からの脱却を目指したものの，かえって価格改定を頻繁にやりすぎて迷走している感を与えているし，吉野家の牛丼単品商売はBSE問題という深刻な課題の前に，単品であることの「弱さ」を露呈させてしまった。FRの世界でも，価格破壊組の繁盛は3，4年続いたものの，その後は客数の伸びが頭打ちになっている。低価格化がかえって，客層の若年化を招いて，大人が過ごすレストラン的な雰囲気が壊れてしまったという面がある。

　若干，弁護したいのだが，チェーンの商品開発力はそれは大したもので，とくにFRグループのメニューのおいしさ，調理の完成度は10年前と較べると段違いによくなっていると思う。商品開発は仕入れから調理にいたるまで，ある意味で「論理的」に構築できる世界だから，理性的な存在であるチェーンでは得意科目に属する。

　不得意なのは，気まぐれな「お客」という存在だ。お客は店に腹を満たすためのフードを求めにやってくる。だが，単純に胃袋だけの問題なら，安くてうまくなったFFSやFRがここで足踏みする理由がわからない。実際，FRチェー

ンのあるトップに聞いたことだが，FRは全般的にディナー帯（6時以降9時まで）の客数の減に歯止めがかからないのだという。「ランチタイムの客数はほとんど落ちていないのに，ディナーがダメなのが本当に痛いんだよね」とそのトップ氏。端的にいって，フードサービスの勝負は日が暮れてから。お腹が空いて，時間の余裕もある食事時間帯は客単価も高くなるし，ここで一気に客数をとれないと経営効率は悪くなる一方だ。そこでトップの反省。「これはどういうことか。つまり，夕食という時間帯をFRで過ごすことに前ほど価値を感じなくなってきたということなのかな。食べ物の質は飛躍的によくなっていると思うから，そちらへの不満で来店頻度が減っているのではないと思う」。

つまり，そういうこと。これを別の表現で語ると，「おいしいものはあっても，おいしくものを食べるところではなくなりつつある」ということではないか。

問題の所在は，20世紀型のフードサービス企業が，商品の価格と品質にこだわりすぎた結果，お客が単純に楽しく食べる「場」ということを，どこかないがしろにしてきたことにありはしないか。

そんな風潮に，新しい考え方でフードサービスに新風を送ってくれたのが，前出のカシータという店だ。

この店には高名なシェフもいないし，ソムリエもいない。つまり，カリスマ的な人物の人気に頼っているわけではないし，また名物料理的なもので受けているわけではない。なぜ，予約客でいっぱいになるかというと，そこには「食のエンターテインメント」があるから，としかいえない。名誉のために断っておくが，カシータの料理は結構おいしいし，プレゼンテーションも見事だと思う。でも，料理を前面に打ち出しているわけではない。売りは，お客を徹底的に楽しませるスタッフとお客の交流にある。適度に弾む会話，時々起きるびっくり箱のようなサービスメニュー（食後のカプチーノコーヒーの表面のミルクに，お客さんの所属する企業のロゴタイプが描かれていたり……）がアクセントになって，4時間から5時間の食事時間があっという間に過ぎていく。居心

地がいい。明らかに，カシータはおいしいものを食べさせるレストランではなく，おいしくものを食べさせるレストランという自己規定なのである。

ちなみに，オーナーの高橋滋氏は元々は高級バイクの輸入業が本業。世界中を旅する中で，東南アジアのリゾートホテルチェーン，アマングループの接遇の素晴らしさを体感した彼は，いつか自分でもアマンのような気持ちいい接客が売り物のビジネスを手がけたいと考えていた。本来ならホテルを作るのが理想だが，それは資金がかかりすぎる。それならレストランでも，ということで作ったのがカシータ（スペイン語で小さな家，という意味）。普通はいい料理を出してお客を集めて事業を成功させようというのが，フードビジネス起業家の発想だが，高橋社長の場合は，まず接客の楽しさの実現が第一命題。そのためにレストランをつくり，楽しませるにはどんな料理がいいか，という風な考え方の展開になっている。商品を考え，しかるのちに接客も整えなければ，という順番の逆を行っているのがカシータ流。

お店には「楽しさ」がなければいけない。これは，「モノ」偏重で，楽しい食事の場づくりを若干怠ってきた，フードサービスチェーン業界に反省を迫るものではないか。

3. オーガニックビュッフェは第6次産業か

さて，「野の葡萄」を代表とするオーガニックビュッフェが提案する外食の価値は，安全・安心な食の追求が決め手になるということ。そして，家庭料理的なものをプロが作ってみせることの価値ということではないか。

食の安心・安全はもはや絶対的な価値というべきだろう。

吉野家のBSE問題は，2005年12月の時点でようやくアメリカからの牛肉輸入再開の目途がたったのだが，それもアメリカのパッカー側の不備でおじゃん。輸入再開はたった1ヵ月程度の命しかなく，また禁輸措置になってしまった。

その圧倒的な安さと値打ちゆえ，再開後の吉野家フィーバーは容易に予想さ

れるとはいえ，結局，牛丼愛好者は「安さ」と引き換えに，完全な安心・安全という気持ちにはほんの少し蓋をして，ということになるだろう。食の安心・安全という掛け金は決して安くないことに消費者は気づきつつあると思う。

　だから，オーガニックなのである。

　これはもう，一時的なファッション（流行）的なものではなく，ベーシックな欲求になっていると見るべきだろう。

　だから，「野の葡萄」のような原産地表記のしっかりした食材を使ったレストランには鋭い反応が出る。

　特定のお値打ち単品を作るために，食材調達で無理をすることのリスクには結構，大きいものがある。欠品を出さないため，調達過程で仕入れ基準を甘くせざるをえない局面もあろう。かつて，"いいものを安く"の価値観の中でものをいっていたスケールメリットがスケールデメリットに転化する怖さがある。

　それならば，体にいい食材を集められた分で献立を組むという思想の方が「現代的」ということになる。これはある意味では消費者を置いてきぼりにすることでもある。ある時あったメニューは別の時にはなくなっている可能性があるからだ。オーガニック業態には不変の定番メニューなんてものは本来存在しようがない。いってみれば，その日の状況に応じて，1番から9番までの打順を毎日日替わりで変えたロッテ球団監督・ボビー流のオーダー編成みたいな思想が，オーガニックビュッフェのテーブルづくりに必要ということだ。

　「野の葡萄」のようなビジネスモデルのスィートスポットは，やはり仕入れにある。やはり，ビュッフェ台の料理と産地がダイレクトに結びついている方が好ましい。

　農業と商業（レストラン）の融合，同盟関係の樹立だ。「野の葡萄」も自ら農業法人を作って産地直営に乗り出しているし，東海のオーガニックおそうざいで売り出し中の知久屋なども，最終的には無農薬・低農薬野菜の調達は，自給自足しかないという結論で，農業の自営にとりかかっている。農家との契約栽培では，もはや追いつかないのである。

よく6次産業という。農業・漁業の第1次産業，食品加工業の第2次産業，サービス産業の第3次産業，そのすべての過程を自分のところで直営するか，密度の高い企業連合（コンソーシアム）を作って，既存の産地—問屋—商店という商流とは異なる流れを作ってしまおうというのが，1×2×3イコール6で第6次産業というのである。

　「野の葡萄」はレストランの側から第6次産業構築を目指しているが，たとえば三重県・伊賀上野で有名な農事テーマパーク企業，伊賀の里手づくりモクモクファームなどは，産地の側がレストラン，通販事業などを直営していこうという「川上」からの商流リ・デザインを戦闘的に行っている。

　「食」のシーンはこのように，農業と商業の関係性まで変えていこうとする力をもっている。

　ところで，食の安全・安心を希求する消費者の気持ちの正体をつきつめると，要するに当たり前に心配事なく食事を楽しみたいということに尽きる。心配なく（ケアフリー）行きたい。これは裏返せば，楽しく食事をしたということだろう。そういう意味でも，オーガニックビュッフェの食卓に着いているお客の表情に明るさがあるのは確かだ。

　ここでも，「おいしく」ものを食べさせるという21世紀のキーワードが作動しているのではないだろうか。

4．レストランの本質は「元気回復業」

　最後に，フードサービス業界全体の動向についてふれておきたい。

　外食産業総合調査研究センターによる外食マーケットの推定総合売上規模は，直近の2004年度で24兆4,738億円となった。これは前年の03年が24兆5,864億円だったから，目減りが1,000億円強。かなり頑張って持ち直しつつあるという結果になった。

　しかしながら，外食産業のピークは1997年の29兆702億円で，それに較べる

と、この7年間で5兆円弱のマーケットを失ったことになるから、なかなか大変だと思う。

　その分がどこへ消えたのか、という議論にすぐなるのだが、これはやはり、中食（弁当・おそうざいなどすぐに食べられる料理の小売商品）に奪われたと見るのが妥当だろう。04年度の中食マーケットはこれも推計値ではあるが、6兆8,555億円。もはや外食売上げの4分の1を超えているから、侮れない。対前年伸び率も03年が6兆911億円だから12％以上の成長率。

　手軽にゲットできて、毎日違う商品提案ができる中食の業態は、現代人のスピーディに食を済ませたいという要求にはぴったり寄り添っているとはいえる。

　ここではやはりFFSが食われていると見るべきだろう。この2年間はBSEによる吉野家をはじめとする和風FFSの客数減が響いているのは間違いないが、それでなくとも、早く食事をしたい、楽しくない接客ならないほうがましというのなら、中食の便利さに勝てないというのが、この2,3年の趨勢だ。

　単純に胃袋を満たすのなら、コンビニや弁当ショップで十分、わざわざFFSやFRで時間を使うまでもないということだ。

　この中食の「便利」さはこれからも威力が減ることはなさそうだ。もしも、中食の売上の伸びが止まるとしたら、それは外食組が巻き返しに成功するということではなく、加工食品メーカー側が、中食チェーンの商品よりもより安く、より安全で、より美味しいレディ・トゥ・イートミール（加熱だけで、すぐ食べられる料理。ジャスコ＝イオンが今、展開をはじめたレディミールにその片鱗が見える）を出してくるときに、そういう時が来るのではないかというのが、筆者の意見だ。

　いずれにせよ、FFS、FRともに、既存店の客数が対前年でじりじり落ちている傾向に変わりはない。

　ここは、やはり「商品問題」ではなく、接客も含めたお店の快適な「環境づくり」に戻らないといけない。

　実際、ここで具体例として論じた「カシータ」も「野の葡萄」も、単純に

いって新しい時代の外食の「楽しさ」（エンターテインメント）を実現していると思う。

　お腹を満たすだけの食事なら，中食に取られてしまうのは仕方ない。FFSもFRも，またそれ以上のお代をいただくディナーレストランも，わざわざ「時間」を使いに来て下さるお客の期待に応えないといけない。それは，最初に述べたように，外食を本当に「おいしく」食事がとれる場にすることだと思う。

　これから団塊の世代2007年問題もあり，熟年の外食需要が出てくるけれど，胃袋に入る量が少なくなっているのは否定しようもない事実。外食に出ても，若い頃のようにたくさんは食べられないのだから，もはや料理を安く，大量に売るのは時代遅れということ。安全で体にいいものを，楽しい雰囲気の中で，適量，お店のスタッフと交流しながら食べる店。そういうことが可能な店に不況はないと，筆者は見る。

　外食マーケットは明らかに変容している。「おいしい」ものを食べさせて大繁盛していた時代は「理性」でビジネスを作っていたが，これから「おいしく」ものを食べさせるには，「感情」の豊かなビジネスにならないといけないのではないだろうか。

　レストランの語源はフランス語の「レストレ」といわれる。レストレは元気を回復させる薬（英語のリストア＝修復する，に通じる言葉）という意味で，だからレストランはもともと「元気回復所」だったのである。

　21世紀の外食産業は単なる食品提供業ではなく，消費者の「元気回復業」であるという風に産業目標の定義（パラダイム）を変えることによって，また新たな展開を生むのではないだろうか。

執筆者紹介

長沼　修二（ながぬま・しゅうじ）〔第1章〕
綜合ユニコム株式会社常務取締役
略歴　1947年神戸市生まれ。成蹊大学文学部英米文学科卒業。東陽出版㈱を経て，1978年綜合ユニコム㈱入社。1983年『月刊レジャー産業資料』編集長，1996年取締役部長就任。2003年常務取締役に就任，現在にいたる。日本観光研究学会常務理事。

林　有厚（はやし・ゆうこう）〔第2章〕
株式会社東京ドーム代表取締役社長
略歴　1930年東京都生まれ。慶應義塾大学大学院法学研究科修了。1955年㈱後楽園スタヂアム（現㈱東京ドーム）入社。常務，専務，副社長を経て，1996年代表取締役社長就任。現在，㈱後楽園スポーツ，東京ケーブルネットワーク㈱の代表取締役会長，他，花月園観光㈱，東京都競馬㈱，富士急行㈱の取締役，㈶日本ボクシングコミッション・コミッショナーなどを兼任。

原　重一（はら・じゅういち）〔第3章〕
原重一観光研究所主宰，観光開発プロデューサー
略歴　1938年東京都生まれ。北海道大学農学部農学科卒業。1965年東京大学工学部都市工学科勤務を経て，1967年㈶日本交通公社入社。同社調査部長，理事・調査部長，常務理事を歴任，2003年退社。また，2002年〜2004年立教大学大学院ビジネスデザイン研究科教授，日本観光研究学会会長。現在中央環境審議会自然環境部会所属臨時委員他。

平　浩一郎（たいら・こういちろう）〔第4章〕
元　シティグループバイスプレジデント
略歴　1964年東京生まれ。慶應義塾大学法学部卒業。1992年コーネル大学大学院修士課程修了（ホテル経営）。2000年マサチューセッツ工科大学大学院修士課程修了（不動産金融工学）。その後国内デベロッパーにて約10年間ホテル開発・運営に携わった後，シティグループ投資銀行部門において5年間，不動産に関するファイナンスのアドバイザリー業務に従事。

難波　正人（なんば・まさと）〔第5章〕
株式会社竹中工務店取締役
略歴　1950年兵庫県神戸市生まれ。京都大学工学部建築第一学科卒業。1973年㈱竹中工務店入社。同社東京本店設計部，開発計画本部（大阪），同本部長，役員補佐を経て，2003年取締役就任。2005年4月より流通科学大学大学院非常勤講師。
著作　『米国ホテル新潮流に学ぶ』『日経リゾート（1990.9〜10）』（共著，日経BP社，1990年），『ホテル開発の21世紀戦略』（共著，日本能率協会マネジメントセンター，1990年），「都市ホテルの全て」『月刊ホテル旅館（1993.6）別冊』（共著，柴田書店，1993年），「タイプ別ホテル開発運営実務計画資料集」（共著，綜合ユニコム，1997年）他

叶　篤彦（かのう・あつひこ）〔第6章〕
ジェイアール東日本ビルテック株式会社代表取締役社長
略歴　1946年京都府生まれ。京都大学大学院工学研究科修了。1971年日本国有鉄道入社。国鉄分割民営化に伴い1987年東日本旅客鉄道株式会社入社。1994年カード事業部長，1997年事業創造本部担当部長，2000年6月取締役就任，2004年6月より現職。
著作　『鉄道ルネッサンス──未来へのデザイン』（共著，丸善，1991年）

作古　貞義（さくこ・さだよし）〔第7章〕編者
流通科学大学名誉教授，観光振興懇話会会長
略歴　1934年東京都生まれ。慶應義塾大学法学部法律学科卒業。㈱第一ホテル常務取締役を経て，1989年㈱ダイエー常務取締役就任，ホテル開発管理を統括。神戸オリエンタル，メリケンパーク他，グループホテルの社長，会長を歴任。1995年4月流通科学大学商学部教授，サービス産業学部教授。2005年退任。日本観光研究学会前会長・現評議員。

著作 『ホテル事業論』(柴田書店, 2002年), 『ホテルマネジメント』(柴田書店, 1998年), 『ホテル運営管理理論』(柴田書店, 1992年), 『ホテル旅館リニューアル大全』(共著, 柴田書店, 2004年) 他

飯塚　義昭（いいづか・よしあき）〔第8章〕
株式会社阪神ホテルシステムズ（ザ・リッツ・カールトン大阪）代表取締役社長
流通科学大学講師
略歴　1943年愛知県生まれ。立教大学社会学部社会学科卒業。同校観光・ホテル講座修了。1965年阪神電気鉄道㈱入社。1966年㈱ホテル阪神出向, 同社接客課長, 営業企画室部長, 経理部長を歴任。1983年阪神電気鉄道㈱へ復職。同社西梅田開発室部長を経て, 1992年㈱阪神ホテルシステムズ常務取締役, 専務取締役を歴任, 現在は代表取締役社長, 2005年より流通科学大学講師。

玉井　和博（たまい・かずひろ）〔第9章〕
株式会社ホテル京急 ホテルパシフィック東京取締役副総支配人, ㈱楼蘭（中国レストランチェーン）代表取締役社長
略歴　1949年長野県生まれ。立教大学経済学部卒業。1971年京急不動産入社, 経理・人事・販売・企画担当。1993年ホテル・グランパシフィック・メリディアン開業準備室課長兼ホテルパシフィック東京資材担当課長。1998年同ホテルオープン資材担当課長。1999年同ホテル総支配人室長。2000年ホテル京急統括資材部長。2001年同ホテル取締役宴会部長。2002年同取締役副総支配人兼営業統括部長, 2004年ホテルパシフィック東京取締役副総支配人兼総支配人室長を経て, 2005年6月より現職。

高橋　忠之（たかはし・ただゆき）〔第10章〕
元 志摩観光ホテル総支配人・総料理長
略歴　1941年三重県生まれ。1957年志摩観光ホテル入社。1971年29歳で料理長となる。1994年志摩観光ホテル総支配人総料理長に就任。2001年退任。フランス料理の技法を用いて, 御食つ国伊勢志摩の素材に挑戦し, 生き, 創ることによって, フランス料理に独自の世界を開く。「火を通して新鮮, 形を変えて自然」を信条とする。
著作　『プロ・サラリーマン―組織の中で人生目標を達成するための13か条』（単著, 致知出版, 2005年）, 『海の幸オードヴル―料理長自己流』（単著, 柴田書店, 1995年）, 『海の詩情とフランス料理』（単著, 婦人画報社, 1994年）, 『対談　料理長』（共著, 柴田書店, 1986年）他

碓井　将夫（うすい・まさお）〔第11章〕
辻調理師専門学校TCI開発部部長, 流通科学大学講師
略歴　1953年兵庫県生まれ。立教大学社会学部観光学科卒業。1975年ホリデイン入社。1987年辻調理師専門学校に転じ, 辻ホテル観光スクールの開校運営業務に携わる。その後, TCI開発部にて, ホテル, 旅館等の調理, 飲食施設, 及び関連業種対象のコンサルテーション業務の開業運営を行う。併行し, 2002年に調理・製菓の各1年制通信教育講座の開校運営を行い現在にいたる。観光振興懇話会調査委員。(財)日本規格協会ISO9001審査員補, (社)産業環境管理協会ISO14001審査員補。

松坂　健（まつざか・けん）〔第12章〕
西武文理大学サービス経営学部教授
略歴　1949年東京都生まれ。慶應義塾大学法学部政治学科及び文学部英米文学科卒業。1974年㈱柴田書店入社。『月刊食堂』副編集長, 『月刊ホテル旅館』編集長を歴任後, 1992年独立。オフィスアト・ランダムとして, ホテル旅館, 外食, チェーンストア関連のビジネスジャーナリストとして活動。2001年4月, 長崎国際大学人間社会学部国際観光学科教授。2004年3月に現職, 西武文理大学サービス経営学部に着任, 現在にいたる。
著作　『食ベンチャーのキーワード』（インターメディア出版, 2001年）, 『ホスピタリティ進化論』（柴田書店, 2005年）

サービスマネジメント概論

2006年5月20日　第一版第一刷発行

編著者　作　古　貞　義
発行者　田　中　千津子

発行所　〒153-0064　東京都目黒区下目黒3-6-1
　　　　☎03(3715)1501　FAX03(3715)2012
　　　　http://www.gakubunsha.com
　　　　株式会社　学文社

印刷所／東光整版印刷株式会社
検印省略
ISBN4-7620-1569-5

©2006　Sakuko Sadayoshi
Printed in Japan